E. W. C. NOEL •Kürdistan 1919

AVESTA YAYINLARI: 51
Kürdoloji Dizisi: 4
Kitabın Orijinal Adı:
Diary of Major Noel on
Special Duty in Kurdistan
[Kürdistan 1919]
Kürdistan'da Özel Görevde Bulunan
Binbaşı Noel'in Günlüğü
E. W. C. Noel
İngilizceden Çeviren: Bülent Birer

Editör: Abdullah Keskin
Kapak Tasarımı: Ahmet Naci Fırat
Kapak Fotoğrafı: Yakup Paşa'nın çadırı (soldan 3.)
Atmî Kürtleri lideri Ekrem Bey (şapkalı olan)
Arka Kapak Fotoğrafı: Rohat Alakom Arşivi
Redaksiyon: Necdet Hasgül
Tashih ve Mizanpaj: Avesta
Birinci Baskı: 1999, İstanbul
Baskı: Gülen Ofset

Kitabın eksik sayfalarını temin eden
Cemil Gündoğan'a teşekkürler

AVESTA BASIN YAYIN REKLAM TANITIM
MÜZİK DAĞITIM LTD. ŞTİ.
Asmalı Mescit Sokak
Şahin Han 35 / 403
Beyoğlu / İstanbul
Tel–Fax: (0212) 251 71 39

ISBN: 975–7112–60–7

E. W. C. Noel

KÜRDİSTAN 1919

Kürdistan'da Özel Görevde Bulunan Binbaşı Noel'in Günlüğü

İngilizceden Çeviren:
Bülent Birer

a v e s t a

KISALTMALAR

HMG: Britanya Ordusu Yönetim Birimi
ACRNE: Britanya Ordusu
OC: Officer Commanding
CGS: Command and General Stoff)
DCPO: Deputy Chief Petty Officier.

İÇİNDEKİLER

KÜRDİSTAN'DA ÖZEL GÖREVDE BULUNAN BİNBAŞI NOEL'İN GÜNLÜĞÜ

Haziran'ın 4'üyle 14'ü arasını kapsayan son günlüğüm Diyarbakır gezimin hikayesiyle bitmişti.

14 Haziran–23 Ağustos

Diyarbakır'dan Halep'e geçtim, orada Bağdat'tan Haziran'ın 26'sında dönen Albay Wilson'la görüştüm. Albayın 13 Haziran'da HMG'ye, kabaca Van, Bitlis, Diyarbakır, ve Elazığ vilayetlerini kapsayan İngiliz himayesinde bağımsız bir Kürdistan oluşturulmasını önermiş olduğunu öğrendim. Albayla yapılan görüşmede; İstanbul'a gidip, burada Bedirhan ailesi ve etkili olabilecek başka Kürtlerle görüşüp bu ailelerden bir ya da daha fazla kişiyle beraber Kürdistan'a dönmeme karar verildi. Kürdistan'da sorumluluğunu alacağımız özel görev; Türklerin pan-islamist propagandalarına ve Kürtleri İngiliz silahlarıyla desteklenmiş Ermeni hakimiyeti kurulacağına dair asılsız söylentilerle korkutarak bize düşman etme çabalarına karşı faaliyette bulunmaktı.

3 Temmuz'da İstanbul'a vardığımda aralarında Şeyh Abdülkadir ve Bedirhan ailesinin üyelerinin de bulunduğu önemli Kürt liderleriyle buluştum. Birkaç görüşmeden sonra, Emin Ali Bedirhan'ın iki oğlu, Seyid Abdülkadir'in damadı Seyid Moin ve Dersimli önemli bir şahsiyet olan İbrahim'den oluşan bir temsilci heyetinin bana eşlik etmesi önerisinde bulundular. Bu saydığım kişilerin hepsi ikinci derecede öneme sahipti. Asıl önemli şahsiyetlerin, yani Abdülkadir ve Emin Ali'nin gelmek istememelerinin altında yatan çeşitli sebepler vardı. Şöyle ki; Abdülkadir, Türkler tarafından vatan hainliği suçundan hapse atılabileceği tehdidiyle korkutulmuştu. Emin Ali ise, yoksullaşmış olması dolayısıyla Kürdistan'ı ziyaretinde aile geleneğinin gerektirdiği ihtişam ve koşulları sağlayamayacağı için mahcup olmak istemiyordu. Abdülkadir'i kaybettiğime üzüldüğümü söyleyemem, iyi bir insan olmasına karşın bende fanatik ve sığ bir kişilik izlenimi bıraktı. Kısaca uzun vadede birlikte çalışılması zor bir insan. Diğer yandan Emin Ali'nin heyette yer almasını isterdim. Bu iyi niyetli yaşlı adam, Kürtler arasında büyük bir saygınlığa sahipti. Kişiliğinde liderlik nitelikleri barındıran, Kürt aşiretleri arasında sevilen ve onlara sözünü dinletebilecek tipte bir şahsiyettir. İstanbul'da yetişen, gazetecilik yaparak geçimlerini sağlayan oğulları, henüz babaları kadar olgun değildiler. Heyet için çok da cazip kişiler olmamalarına rağmen, İngilizlere sempati duymalarını ve Bedirhan Ailesi'nin Kürdistan'daki tartışmasız prestijini gözönünde bulundurarak, onların da heyette yer almasını uygun buldum. Heyetin diğer iki üyesi riskli ve tehlikeli gördükleri yolculukta bana eşlik etme kararlarından vazgeçtikleri için, burada onların kişilikleri üzerinde durmayı gerekli görmüyorum. Heyet seçilmeden önce Kürt cemiyetinin üyeleri, büyükelçilikten, Türk Hükümetinden bana eşlik edecek olan aileleri korumayı garanti etmesini talep etmesini istemişti. Türk Hükümeti, heyetin faaliyetlerinin Kürt aşiretlerini pasifize etmekle sınırlandığı ve Kürtlerin Türk Hükümetine karşı ha-

rekete geçirilmediği sürece heyet üyelerinin İstanbul'daki ailelerinin güvenliğini sağlayacaklarını bildirdi.

23 Temmuz'da Halep'e döndüm ve oradan Bağdat'a geçtim. Celadet ve Kamıran Ali Bedirhan kardeşlerin İstanbul'dan Halep'e geliş tarihleri olan 19 Ağustos'ta tekrar Halep'teydim.

Heyete katılmaktan vazgeçen iki üyenin yerini doldurmak için Diyarbakırlı Cemil Paşa'nın oğlu Ekrem Bey'le anlaştım. Belçika'da eğitim görmüş olan bu iyi niyetli genç, halkla iyi iletişim kurabilme, onlara kendini kabul ettirme yeteneğine sahipti.

Ekrem Bey'le ilk defa Haziran ayında Diyarbakır'da karşılaştım. Beni ziyaret etmeye geldiğinde üzerinde geleneksel Kürt kıyafetleri vardı. Bana, taşıdığı Kürt milliyetçi duygularını ve Kürtlerin Büyük Britanya'dan Manda istemlerini açıkça dile getirdi. Daha sonra vali onun hakkında tutuklama kararı çıkardı ancak O Halep'ten kaçmayı başardı. Trablus'a doğru yol alırken, bir Ermeni tercüman onu tanıyıp Ermeni katliamcısı olarak ihbar etti, neredeyse Halep'te hapse atılıyordu. Neyse ki sorguda adımı vererek tutuklanmasını dönüşüme kadar erteleyebildi.

Bir Ermeninin asılsız suçlamalarına dayanarak geçen Ocak'ta Müslümanları tutuklamaya başladılar. Bu politika Kürdistan'da teessüfle karşılandı ve hiç şüphesiz bu durum aynı zamanda Kürtlerin bize karşı olmalarının temel sebeplerinden biridir. Bugün Diyarbakır'da Halep'i ziyaret etmek isteyen birçok tüccar bulunuyor, ancak duydukları tutuklama hikayeleri ve Ermeni tüccarların Müslüman rakiplerinin ticaretten vazgeçecekleri düşüncesiyle olayları abartarak yayması onları bu ziyaretten caydırdı.

21 Ağustos

Halep'in kuzeybatısında yer alan ve demiryoluyla 87 kilometre uzaklıkta bulunan Akçekoyunlu'ya gitmek üzere sabah treniyle Halep'ten ayrıldık. Buradan sonra, ulaşım at ve katırlarla sağlanıyor. Hayvanları yükleyip Antep'e (40 kilometre) doğru yola koyulduk, yolda bir gece durakladık. Antep halkı Türk, Kürt ve Araplardan oluşmaktadır. Bu dağılımda Arapların oranı kuzeye doğru gelindikçe hızla düşmektedir.

Bu karma nüfus yapısının temel sebebi, bu bölgedeki bütün köylerin Antep'te bulunan zengin toprak ağalarına ait olmasıdır. Ağa, sağladığı tohum ve saban karşılığında ürünün yarısını alır. Aslında köylüler, toprak sahiplerinin uşaklarından farklı bir konumda değildir. Ürünün diğer yarısı, köylülerin hakkıdır, ancak bu miktar bir tarım işçisine verilebilecek maaşın çok altındadır. Nasıl da Bolşevizme zemin hazırlayacak bir düzenleme! Yerel toprak ağalarının köylüler üzerindeki gücünün bir sonucu olarak, bu bölgede yer alan üç ulustan da (Türkler, Araplar ve Kürtler) olabilen köylüler hiçbir şekilde çalışanların haklarını elde edemezler.

Seyahat sırasında bir Türk yolcuya rastladım.

"İngilizler Antep'te neler yapıyorlar?" diye sordum.

"Ne yaptıklarını tam olarak bilmiyoruz. Başlangıçta, Ermenilere kaybettiklerini geri almaları için yardım etmek üzere geldiklerini düşündük, ancak son üç aydır yaptıkları tek şey Ermenilerin taleplerini Mutasarrıfa iletmek oldu" şeklinde cevaplandırdı.

22 Ağustos (Antep'te)

Kimin himayesinde Antep'ten ayrılacağız? Şimdi karşımıza çıkan soru bu. Kürt dostlarımın Türkler karşısında yapabilecekleri birşey yok. Diğer yandan Kürt ülkesine varmak için üç gün sürecek olan bu yolculuğumuzda eşkıya çeteleri barındırdığı söylenen sınırdan geçmemiz gerekiyor. Anlatılanlara bakılırsa, bunlar genelde Kürt çeteleridir ve çetelerin siyasi eğilimleri faaliyetlerine yansımaktadır; yağma, soygun girişimleri genelde Türklere karşı yapılmaktadır. Fakat, iş başa geldiğinde, hiçbirimizin bu varsayımı benimseme eğiliminde olduğunu sanmam. Neyse ki Kürtler bir çözüm önerdiler. Kasabanın varlıklı Kürt tüccarlarından, aynı zamanda güvenilir bir kişi olan Yahya Efendi, çetelerle iyi geçinmek için onlardan birini para karşılığında yanımızda götürmemizi önerdi. Hasan adında bir soyguncuya rehberimiz olmasını önerdik ve o da kabul edip çabucak hazırlandı. 23 Ağustos'ta Hasan'ın rehberliğindeki kervanımız, öğleden sonra saat 15:00'da Maraş'a doğru yola çıktı. Yolculuğumuz saat 19:00'a kadar devam etti. Geceyi geçirmek üzere uygun bir yerde konakladık.

Yolda karşılaştığımız bir Türk genci, babasının İslam dinini seçmiş Ermeni bir kadınla evlendiğini ve bu evlilikten memnun olduğunu anlattı. Gencin aktardığına göre; Aksu'da bulunan Pioneer Detachment (Öncü Müfreze)'nin Ermeni tercümanı, kadının kocasından ayrılması için elinden gelen herşeyi yapmış, en son Ermeni bir rahiple beraber kadını ziyaretinde kadın ölünceye kadar kocasının yanında kalacağını, Büyük Britanya ve Ermeni ordularının çabalarının dahi onu kocasından ayıramayacağını söylemiş. Anlatılanlar üzerine heyetteki Kürtler şunu söyledi: "Ne Türkler ne de İngilizler; bu ülkeye egemen olmak isteyenler asıl Ermenilerdir."

Küçük Asya'da bizim varlığımızla ilgili bu tehlike, Ermeniler tarafından zekice körüklenen korkudan kaynaklanan düşmanlıktır: Ermeniler, Müttefiklerin bir Ermeninin on Müslümandan üstün olduğu tezini destekleme amacında olduklarını yaymaya çalışıyorlar. Maalesef, Ermeni katliamdaki paylarından dolayı bütün Müslümanları cezalandırmaya kalkışmamız gibi, yersiz girişimlerimiz bu izlenimi güçlendirmiştir. İçerde güçlü ve zengin dostlara sahip olan Ermeniler, kendi başlarına gelenleri, Ermenilerin Rus koruması altında Müslüman nüfusa boyutları ve şiddeti bakımından Müslümanların kendilerine yaptıklarıyla aynı ölçüde zulüm ettiğinden hiçbir zaman haberdar olmayan kamuoyuna anlatmada başarılı olmuşlardır. Bu gerçek daha iyi anlaşılsaydı, Ermenilerin aktardıkları hikayelere kendimizi kaptırmakla, onların intikam alma siyasetine ortak olduğumuzu ve bu siyasetin dini, etnik düşmanlıkları yatıştırmak bir yana, körüklemenin en emin yolu olduğunu daha kolay görebilirdik. Her iki tarafın da masum olmadığını göz önünde bulundurursak, izlenilecek tek siyaset Küçük Asya'da temiz bir sayfa açmaktı.

24 Ağustos

Dün gece beklenmedik olaylar oldu! Konakladığımız yerin yakınlarındaki Takom köyü sakinleri, rehberimiz Hasan'ı tanıdılar ve onun bir Kürt eşkıyası olduğunu biliyorlardı. Köye saman almaları için bir katırla birlikte gönderdiğimiz iki adama köylüler ateş edip kaçtı. Kurduğumuz kamp onları rahatsız etmişti. Kampımız ve yandaki yamaçlarda saklanan bir grup arasında küçük çapta bir çatışma meydana geldi. "Aranızda Türkçe bilen var mı" diye bir ses geldi. Onlara iyi niyetimizi gösterdikten sonra, bize üzüm ve karpuz ikram ettiler.

24 Ağustos

Sabah Maraş'a doğru yolumuza devam ettik, bir saat sonra yönümüzü kuzeyden, kuzey-doğuya doğru çevirdik. Dört saatlik yolculuktan sonra öğlen sıcağının geçmesi için, Sinemilli ve Atmi aşiretlerinden 14 Kürt ailesinin ve 6 Türk ailesinin yaşadığı küçük bir köy olan Tabya'da konakladık. Bu köy çok yakındaki Kürt ülkesinin köşesinde soyutlanmış bir köydü.

Elbette burada güler yüzle karşılandık. Kadınların başının açık olması ve rahat tavırları beni şaşırtmıştı. Erkeklerle tartışabiliyor, sohbetlerimize katılıyor, görüşlerini büyük bir doğallık ve kolaylıkla dile getirebiliyorlardı.

Benim asıl merak ettiğim bu soyutlanmış sınır köyünün, çevresindeki Türklerden etkilenip etkilenmediğiydi. Aşağıda yer alan diyalog sanırım Kürt milliyetçiliğinin hayati önemini gösterebilir.

"Fotoğraf çektirmek için köylüleri toplayıp gelin" dedim.

"Türklerin de gelmesini istiyor musun?" diye sordular.

"Kendiniz karar verin" dedim.

"O zaman Türklerle birlikte görünmemeyi tercih ederiz" dediler.

Onlara köylerindeki doğumların sayısını sordum ve verdikleri düşük rakam üzerine yorumda bulundum. "Biz, göçerler gibi değiliz" şeklinde karşılık verdiler, "onların karılarıyla hoş vakit geçirecek kadar boş zamanları olur, bizim ise her zaman tepemizde kör olası Türkler oldu." Eğer göçebelerin serbestliği meseleyi açıklamaya yetiyorsa, aşiretlerinin neredeyse tamamının göçebe olduğunu belirttim. "Kesinlikle" diye yanıtladılar, "göçebe hayatın bazı avantajları olduğu su götürmez bir gerçek ancak bununla birlikte, Türkler olmasaydı büyük bir kesim tarafından köy hayatı daha fazla tercih edilirdi."

"Türk Hükümetini, nasıl seversiniz!" diye sordum.

"Onları sevdiğimizi söylemeyi uygun görüyoruz" diye yanıtladı yaşlı bir adam.

"Diyarbakır'ın etrafındaki Kürtler" diye belirtti Ekrem Bey "düşüncelerini açıklamaktan çekinmezler."

"Biz de onlar kadar iyi Kürtleriz" diye ayakta duran genç Kürtlerden birisi ateşlice araya girdi.

Aşağıdaki veriler savaşın etkilerini yansıtmaktadır:

	Savaştan önce	*Şimdi*
Hane sayısı:	20	20
Saban sayısı:	15	10
Küçük baş hayvan sayısı	350	250

İyi bir senede mahsul 1'e 6 vermektedir.

Saban başına 200 kilo buğday, 100 kilo arpa düşmektedir. Toplam 300 kilo.

Kürtçede 'kolik' denen çalıdan bir barınağın altında oturuyorken beşik sallayan ihtiyar bir Kürt kadını bazı sözler mırıldanmaya başladı. Köyün yaşlılarından birine, söylediklerinin anlamını sorduğumda biraz da hor gören bir tavırla şöyle cevapladı:

"Söylediği, kendi yaktığı bir ağıttır. Beşikteki çocuk, vefat eden en büyük kızından olan torunudur. Söylediğine biz 'lori' deriz, bir tür beşik şarkısı."

Ağıtın sözleri şöyleydi:

Dargusha min zhe daira
Min daye kave aira
Min chai bekam wai dargushe
Dargusheke bai khaira
Lori lori dargush lori
Nani dakam nani naba
A sewia kadi naba

Giri ya ash naba
Min dasa khwa daya dore
Zhelada la dila daka zore
Lori lori dargush lori*

Tahtadandır beşiğim
Ateşin yanına koyduğum
ben ne yapabilirim ki
sen lanetli bir beşiksin**

---

* [Şarkının Kürtçe doğru yazılışı:
Dergûşa min ji dar e
Min daye keviya ar e
Ez çi bikim ji wê dergûşê
Dergûşa min bêxêr e
Lorî lorî dergûş lorî
Nanî dikim nanî nake
A sêwî ye kedî nabe

Giriya haşt nabe
Min dasa xwe daye dorê [darê]
Zalim li dil dike zorê
Lorî lorî dergûş lorî] (–ed. n.)

** Aynı beşikte büyüyen ölmüş kızına gönderme yaptığı için lanetli diyor.

uyu uyu bebek uyu
uyutmak için susturdum, ama o uyumayacak
yazgısı, kimsesiz öksüz olmak

gün yüzü görmeyecek
onu korumak için canımı siper ederim
zalimler yüreğimize zulmediyor
uyu uyu bebek uyu

Köyden ayrılacağımız gün bize, İbrahim Paşa tarafından inşa edilen kaleye ait olduğu söylenen harabeleri gösterdiler.

Yolda karşılaştığımız köylüler Kürt eşkıyası Topal'ın yolumuzun üzerinde olduğunu söyledi. Hasan hazırlıkları yapmak üzere yola koyuldu, ancak Topal bize saldırma niyetinde değildi. Karısının da Topal'ın yanında olduğu ve ona yardım ettiği söylenir. Saçlarını erkekler gibi kısa kesmiş, nasıl tüfek tutulacağını iyi bilen bir kadın eşkıya.

Geceyi geçirmek üzere Ufacıklı'da konakladık. Ne oldum budalası bir Türk olan köyün şişman sahibi, bizi ziyarete geldi. Türk Hükümetinin yavaşlığından, beceriksizliğinden yakındı. İngiliz yönetimi altında kendisinin kısa bir süre içerisinde çok zengin olabileceğini düşünüyordu.

"Bir kuyu açabilmek için buralara bir etek para döktüm, hükümetin hiçbir yardımı olmadı. Duydum ki eğer buraları İngiliz yönetiminde olsa kuyu açmak için onlara haber vermem yeterli olurmuş" dedi.

Bu sözleri sarf etmesinin ardında yatan neden, İngiliz yönetiminin bolca maddi imkanlar tanıyacağına dair yaygın ve abartılı kanıdır. Burada insanlar, savaşın Avrupa ekonomisinde yol açtığı ciddi hasarlardan ve yavaş işleyen yeniden yapılanma sürecinden haberdar değiller. Kaçınılmaz olarak hayal kırıklıkları doğacaktır.

Aşağıdaki tablo savaşın bu köydeki etkilerini göstermektedir:

	Savaş öncesi	Savaştan sonra
Hane sayısı	88	80
Saban sayısı	60	35
Atların sayısı	100	20

Askere alınan 35 kişiden sadece 15'i geri dönmüş.

İyi bir yılda mahsul 1'e 9, bu sene 1'e 5 imiş.

Saban başına ekilen tohum 400 kilo buğday ve 200 kilo arpa.

25 Ağustos

Öğlen Pazarcık'ta konakladık. Burası bir kaymakam tarafından yönetilen bir kaza. Pazarcık, aynı zamanda Ermenilerin yeni Ermenistan olarak iddia ettikleri bölgenin en batısındaki yönetim birimidir. Kazanın yüz ölçümü yaklaşık 4000 km^2, kazaya bağlı 100'ün üstünde köy bulunmaktadır ve toplam nüfusu 25-30 bin arasındadır. Savaştan önce kazanın merkezinde küçük dükkanlara sahip 25 Ermeni bulunmaktaydı. Yüzyıl başında kazada ya da civar köylerde tek bir Ermeni dahi kalmadı. Aklı başında bir kişi şimdi bu insanların Ermeni hakimiyetine bırakılacağını nasıl iddia edebilir?

Hatırlanacağı gibi Diyarbakır vilayetinde yaptığım araştırmalar neticesinde, Kürtlerin ağırlıkta olduğu yörelerin hiçbirinde Ermeni hakimiyetinin kurulmayacağının teminat altına alınmasının ortamı sakinleştirici bir etki yaratacağını belirtmiştim. Buna karşılık olarak, Kürtlerin ağırlıkta olduğu yörelerde ancak sınırsız Ermeni hakimiyetinin kurulamayacağı teminat altına alınabilir, cevabını aldım.

30 bin kişinin üç-dört hilekar, haris, korkak (bu bölgede kime sorarsanız Ermeniler hakkında böyle düşünür.) tüccar ailenin sınırsız tahakkümüne maruz bırakılmayacağını bilmesi sevindirici bir gelişmedir. Bu bölgedeki insanlar, Ermenileri bu özellikleri ile bilir.

Geceyi geçirmek üzere Atmalılılardan (Reviyan aşiretinin alt kolu) 40 hane bulunan Kızıran köyünde konakladık, köy sakinleri bizi gayet misafirperver bir şek...

Buradaki Kürtler Kızılbaş'tır. Ermeniler ve onların de... tekçileri bizi Kızılbaşların diğer Kürtlerden farklı bir ırka mensup olduklarına inandırmaya çalıştılar. Bu savı daha önce de çok duymuştum, ancak bu köyde bulunduğum süre içinde karşılaştığım insanların şimdiye kadar tanıdığım diğer Kürtlerle aynı tabiatı paylaştıklarını gördüm. Bu köydekilerin Kızılbaş olduklarını öğrenmem, benim için şaşırtıcıydı. Kendi kendime şu soruyu sordum: Bu insanların Kürtlerden farkı ne? Kürtçe konuşup, Kürt giysilerini kullanıyorlar, Kürt halk şarkılarını söylüyorlar ve Kürt geleneklerine bağlılar. Dahası, Sünni üyeleri de bulunan büyük Kürt aşiretlerinden Atmalı'ya mensuplar, aşiretin lideri Yakup Paşa'ya büyük saygı besliyor ve ona itaat ediyorlar.

Belki de Ermeniler, bizi, varsayılan ırksal farklılığın kendisini din temelinde ifade ettiğine inandırmaya çalıştı. Avrupalı seyyahların anlatımlarına göre, Kızılbaşlık bir çeşit mistik anlayışa, değişik bir paganizme tekabül etmektedir. Kızılbaşlara hangi hak yolu takip ettiklerini soruduğunuzda, gayet doğal bir şekilde "Şiaya mensubuz" cevabını verirler. Bir Kızılbaş köyünde, köylülere kim olduklarını sorarsanız; "Em Kurmajim" [Em Kurmanc in] (Biz Kürdüz) cevabını alırsınız. Kendinizi "Biz Kızılbaşız"dan başka daha belirgin olarak nasıl tanımlıyorsunuz sorusuna verecekleri yanıt "Em Alavî"dir [Em Alewî ne] (Ali'nin takipçileriyiz). Bu cevap onların Şii olduklarının açık bir kanıtıdır.

Kürtler Kızılbaşlığın kökenini şöyle anlatıyorlar: Sultan Selim'in İran ile savaştığı dönemde, Şah İsmail Safevileri Şia yoluna döndürmeleri için çok sayıda misyoneri Küçük Asya'ya gönderdi. Bu tehlike karşısında Sultan Selim, Şiiliği kabul edenlere tekrar Sünniliğe girmeleri, aksi halde ülkeyi terk etmeleri için kırk günlük mühlet verdi. Ancak Şiiliği seçmiş olan Kürtler, 'Ferman padişahınsa dağlar bizimdir' diyerek dağlara çekildiler ve inançlarını bugüne kadar korudular.

Köylülerle olan sohbetlerimiz, onların da en az Sünni

..er kadar Kürt milliyetçi duygulara sahip oldukları izlenimi bıraktı. Duygularını genelde şöyle ifade ediyorlar: "Biz Kürdüz ve burası bizim ülkemiz. Maalesef bu baş belası Türkler (kibirli Rumiler) geldi, topraklarımıza el uzattı ve bizi buyrukları altına aldılar. Onları sevmiyoruz, özgür olmak istiyoruz, onların varlıkları artık bizi bıktırdı."

Ev sahibimiz Süleyman Ağa, savaşın etkilerinden bahsederken, köydeki birçok insanın askere alınmaktan çekindiği için dağlara kaçtıklarını –askere alınanların ise yakaladıkları ilk fırsatta firar ettiklerini– anlattı. Ve "Türklere, Türklerin kavgalarına karşı başka ne yapabilirdik ki" diye ekledi.

26 Ağustos

Aksu (Kürtçede ab i spi) [ava spî] vadisinde bulunan Skrai a Hasan Ağa köyüne ulaştık. Burası Sinemilli aşiretinden iki reisin, Tapu Ağa ve Asaf Ağa'nın kışlağı.

Sinemilli kelimesinin kökeni hakkında köylüler şu hikayeyi anlatır: 'Altı yüz yıl önce Harput yakınlarındaki gümüş madenlerinden göç ettik. Orada yaşayan hamile bir kadın diri diri toprağa gömüldü. Kadın, mezarda (Kürtçede 'Sin') çocuğu doğurdu ve emzirmeye başladı. Sonunda bir yolcu, çocuğun ağlamasını duyup mezarı açmaları için köylüleri topladı. Kurtarılan çocuk büyüdü ve "Mezarın insanları" (Kürtçede Sinemilli) diye adlandırılan aşiretin kurucusu oldu.

Şahin avlamak, onları beslemek Kürtlerin sevdiği uğraşlardandır. *Ispir* diye adlandırılan şahin şöyle avlanmaktadır: Güvercin bir ağın altına konur. Avcı, yakınlarda bir yerde saklanır, avcının elinde güvercine bağlı onun çırpınmasını sağlayan bir ip bulunur. Çırpınan güvercin şahini üzerine çektiğinde şahin yakalanır, gözleri üç gün kapalı tutulur, bu sürenin sonunda şahin artık ehlileşmiştir. Kürtler şahinler ve köpeklerle (Kürtçede 'Kuçık') avlanırlar. Şahinden saklanan kurban, köpeğin saklandığı çalılığa sığınır, artık avın sonu gelmiştir.

Burada karşılaştığımız bir Ermeni, Kürtlerden ve kendisi için yaptıklarından övgüyle söz ediyordu. Maraş'tan gelen bu Ermeninin adı Kirkor Parlakiyan idi. 95 katliamı sırasında Kirkor ve ailesi, Sinemilli Aşireti liderlerinden Asaf Ağa'nın babası Hasan Ağa'ya sığınmışlardı.

Kürtler, büyük katliam sırasında Sivas dolaylarından ülkelerine doğru göç eden çok sayıda Ermeni sürgünü korumaya çalıştıkları için Türklerle aralarında sorunlar çıktığını anlattılar. Kirkor Parlakiyan hikayeyi doğruladı.

Kürtlerle Kızılbaşlar arasındaki farklılıklar hakkında daha fazla şey öğrenebilme dileğiyle, sohbetlerim sırasında Avrupalıların gözünde Kürtlerle Kızılbaşların farklı olduklarını söyledim. Bu sözlerime sinirlendiler. Belirtmiş olduğum fikirleri tekrarladıktan sonra şunu eklediler: Savaş sırasında, Kürtler Kızılbaşı olsun Sünnisi olsun düşmana karşı, hele de bu düşman Türk Sünni olursa, aynı cephede yer alır.

Yukarıda belirttiğim gibi hem Sünni hem de Şiilerden oluşan Atmi Aşiretinde, mezhepler arası evlilikler kadının din değiştirmesine gerek kalmaksızın gerçekleşmektedir. Aslına bakarsanız doğacak çocukların dininin ne olacağı hakkında bile kesin bir yargı yoktur. Atmi aşiretinin Sünni reisi Yakup Paşa daha yeni Sinemilli'nin Şii reisi Tapu Ağa'nın kızıyla evlendi.

Kürtlerin Türklere duyduğu antipatiyi burada söylenenler de ispatlıyor. Anlatılanlara göre savaş sırasında burada bulunan birkaç Türk köyü ile Kürtler arasında önemli sayıda çatışmalar olmuş. Kürt eşkıyalarının Türklere, Türklerden oluşan eşkıya çetelerinin ise Kürtlere saldırdığını burada bir kez daha duydum.

Türklere karşı duyulan rahatsızlığın temeli, onların ahmaklıklarından, Türk olmayan herşeyi hor görmelerinden ve hiçbir fayda sağlamamalarından kaynaklanıyor. Kürtlerin Türklere olan sevgisizliklerini, nefretlerini göstermeleri hiç de zor değildir. Aşağıdaki özdeyiş bir Kürdün kızını neden bir Türke vermeyeceğini anlatmak için yeterli.

'Sian la mian banz nadan' [Sa û mî bi hev re baz nadin, Köpekle kuzu bir birlikte koşmaz] 'Köpeğin kuzuyla ilişkisi olmaz.'

27 Ağustos

Bugün Sinemilli aşiretinin yazlarını geçirdikleri yaylaya geçtik. Buraya ulaşmak için önce Abi spi (beyaz su) vadisini aşmak ardından Anazak'a doğru ardıç ağaçlarının arasından yaklaşık bir kilometre tırmanmak gerekiyor. Karşı taraf deniz seviyesinden 1600 metre yükseklikte oldukça sarp kayalıklardan oluşan bir iniş. Yolun üzerinde büyük bir uğultuyla fışkıran Ayran adında bir kaynak bulunuyor. 12 saatlik yolculuktan sonra Tapu Ağa'nın evine ulaştık. Sinemilli aşireti reisinin gerçek adı Halil Ağa ancak gençliğinde fazla kilolu olduğu için 'şişman' anlamına gelen 'topo' ismini takmışlar, o günden beri de Halil Ağa bu isimle anılıyor. Takma isim geleneği Kürtlerde oldukça yaygındır. Buna benzer başka örnekler: Koto; zayıf, Kolo; kuyruksuz, Kuto; züppe, Çopo; [çepo] solak vs.

Tapu Ağa kendine güzel bir yazlık yapmış. Zemini taşla kaplanmış oturma odasında büyük bir ocak bulunuyor, göz alıcı kilimlerle kaplanmış divanın önündeki küçük havuz ve büyük ardıç ağaçlarından yapılmış çatısı ferah bir etki yaratmaktadır. Şimdiye kadar farklı kültürden değişik zevklerle inşa edilmiş, farklı tatlarla döşenmiş birçok Kürt aşiret liderinin evinde misafir oldum, ancak şimdiye kadar gördüklerimin arasında en güzelinin bu ev olduğunu gönül rahatlığıyla söyleyebilirim. Bu bağlamda Mark Sykes, Sinemilli Aşireti'nden kültürlü, hoş görünümlü; iyi çiftçi, evlerini bir sanatçı edasıyla döşeyen insanlar olarak bahseder.

Tapu Ağa'dan Ermeni sürgünlere yapılan yardımların ayrıntılarını öğrendim. 1915'te Pazarcık'ın kaymakamı Kürtlere hoşgörüyle yaklaşan bir Lübnanlıydı. Kaymakam Kürtlerin, kendi bölgelerinden geçen Ermenilere yardım etmelerini destekledi. Sinemilli Aşireti, 60 kadar Ermeniye kendi yanlarında kalmaları için barınak sağladı ve bu Ermeniler İngilizler Maraş'ı işgal edene dek burada kaldı. Kürtlerin Ermenilere dostça davrandıklarını haber alan yüksek Türk subayları bir ceza olarak Kürtleri de Ermenilerle aynı şekilde topraklarından sürmeye karar verdiler. Tapu Ağa bu kararın hayata geçmemesinde Lübnanlı kaymakamın anahtar rol oynadığını belirtiyor.

Sinemilli Kürtleri, tıpkı Doğu Kürdistan'daki Herki ve Caf aşiretleri örneklerinde olduğu gibi, göçebe değildir. Hepsinin 'deşt'te (kış ikametgahları) [çöl] kendi toprakları bulunur ve yaklaşık 3/4'ünün kendine ait evi vardır. Yazın kaldıkları yerlerde (zozan) de kendi toprakları vardır, böylece göçebelerin yaptığı gibi otlaklar için dolaşmak yerine bu topraklar üzerinde konaklarlar. Ayrıca dağlık kesimin belirli bölgelerinde tarım da yapmaktadırlar. Dağlık arazideki tarım alanları ovalara nazaran daha verimli, ovalarda 1'e 10 verim alınırken yüksek kesimlerde bu oran 1'e 15. Burada tarlalar baharda sürülür, Ağustos başında da tohum ekiliyor. Yağan ilk kar henüz birkaç haftalık olan mahsulün üzerini kaplar ve kış boyunca böyle kalır, ürün ancak ertesi yılın Haziran'ında olgunlaşır. Toprağın verimliliğinin bir göstergesi olan tohumlama yoğunluğunun ölçü birimi büyük baş hayvanın toynağıdır. (şuna linga ga) [şûna lingê ga, *-y.n.*]Bu birime düşen tohum sayısı iki ile on beş arasında değişir. Burada bir kişi günde 16 kilo tohum atmaktadır, bu rakam daha alçak yerlerde ikiye katlanır. (Süleymaniye'de 30 kilo)

Aşiret mensuplarının geçmiş yaşantılarıyla ilgili anlattıkları hikayelerde Türklere duyulan nefret vardır. Aşağıdaki öykü tipik bir örnektir:

Tapu Ağa'nın dedelerinden ünlü Bilali Reş, ya da Türkçesiyle Kara Bilal, beraberinde onlarca aileyle birlikte Harput'tan göç etti. Aşiretin şimdiki kışlağında o zamanlar İlbeyler adında bir Türk aşireti yaşamaktaydı. İlbeyler, yeni komşularını davete tenezzül buyurdu, bu davete Kürtler de benzeri bir davetle karşılık verdi. Kararlaştırılan günde Kürtler, bir erkek çocuğunu ziyafetin hazır olduğunu bildirmesi için misafirlerine gönderdiler. Ne var ki Türkler iadei ziyareti "Cahil çobanların, Kürtlerin ev sahipliğini kabul edebileceğimizi nasıl beklersiniz?" diyerek reddettiler. Ulak olarak gönderilen çocuk gösterilen bu tavra çok gücendi, eline geçirdiği büyük bir sopayla İlbeylerin üzerine yürüdü ve onlardan otuz kişiyi yere serdi. Bu hakaretin karşılığında İlbeylerin reisi adamlarına Kürtlere saldırma ve onları yok etme emri verdi. Adamları "Sadece bir çocuk otuzumuzla baş edebiliyorsa bu insanlara nasıl saldırabiliriz? İyisi mi böyle komşularla yaşayacağımıza bu toprakları terk edelim" diyerek verilen emre karşı geldiler. Söylediklerini yaptılar ve topraklarını terk ettiler. Ve o günden beri buralar Kürtlerin barınağı oldu.

28 Ağustos

Günü Tapu Ağa'nın konuğu olarak geçirdik.

Kürt dilinin yöreden yöreye değişen bozuk bir dilden başka birşey olmadığı hep söylenegelmiştir. Güneydoğu Kürdistan'da konuşulan dilin, Baban Kurdi, Kurmanciden farklı olduğu doğrudur, fakat Kurmancinin çeşitli varyasyonlarının birbiriyle temel farklılıklar gösterdiğini söylemek doğru olmaz. Yanımda Botanlı, Diyarbakırlı, Hakkarili Kürtler var. Kendi aralarında ve burada, Kürdistan'ın en kuzeyinde, insanlar kendi dillerinde gayet rahat anlaşabiliyorlar. Sadece birkaç hafta içerisinde tam anlamıyla buranın yerlileri gibi konuşabilirler. Aradaki farklılık temel olarak sesli harf kullanımından kaynaklanıyor. Örnekleyecek olursak; duyduğum anne anlamına gelen sözcükler –dyk, dy, da, dı. Elbette bu değişik sesler kulak dolgunluğu olmayan birine yabancı gelir. Ağızlar arası farklılıkları, edatlar, zarflar ve diğer sabit kelimelerin değişik kullanılması fazlalaştırır. Mesela, 'şimdi' kelimesinin karşılığı olarak Süleymaniye'de 'aista' Hakkari'de 'niha' Kuzey Kürdistan'da 'ango' kullanılmaktadır. Diğer varyasyonlar ise 'aistaha', 'aneka', 'nika' ve 'henuska'dır. Onun için, bir bölgenin ağzını iyi bilen bir kişi diğer ağızları değişen ortak kelimelerin kısa bir listesini ezberleyerek kolayca ve çabucak kavrayabilir.

Süleymaniye Kürtçesinin 'Baba Kurdi', Botan'ın Boti, geriye kalan Kürdistan'da konuşulan Kürtçenin ise Kurmanci olarak bilindiğini belirtmek gerekir. Kurdi, ana dilin bütün varyasyonları için kullanılan genel bir terimdir. Yukarıda belirttiğimiz ağızlara ek olarak, Hakkari Kürtçesinin farklı bir gramatik yapısı vardır. Botan lehçesi Kurdinin en saf biçimidir.

Yolculuk sırasında Arap harflerinin Kürtçedeki sesli harfleri karşılamak için ne kadar yetersiz olduğunun farkına vardım. Ben ve heyetin Kürt üyeleri zaman zaman Kürt şiirlerini ve yerel deyişlerini kaydettik, onlar Arap harflerini kullandı ben ise Latin harflerini kullandım. Henüz Kürtçeye tam anlamıyla hakim olmadığım halde yazdıklarımı onlardan daha doğru ve daha kusursuz okuyabiliyorum. Gençlerin çoğunluğu Latin harflerinin Kürtçeye daha uyumlu olduğuna inanıyor ve bunun Kürdistan'da geçerlilik kazanmasına çalışıyorlar, fakat daha yaşlı kuşaklar ve özellikle din adamları böyle bir yeniliğe İslami temellerle karşı çıkıyorlar.

Ağızlar arasındaki farklılıkları karşılaştırmak amacıyla küçük bir hikayeyi her gittiğim yörenin ve ziyaret ettiğim aşiretin kullandığı bölgesel dile çevirdim.

29 Ağustos

Yakup Paşa'nın çadırlarına gitmek için iki günlük yolculuğumuza sabahleyin erkenden başladık, Yakup Paşa bu yöredeki diğer aşiretin, Türklerin Atmalı diye adlandırdıkları Atmi aşiretinin lideri.

Haritalarda gösterildiği gibi bu bölgedeki yer isimlerinin genelde Türkçe olduğu söylenebilir. Bunun sebebi haritaların ya Türkler tarafından ya da Kürtçeyi bilmeyen genelde Türk jandarmalarının eşlik ettiği Avrupalı seyyahların raporlarına dayanılarak yapılmış olmasıdır.

Hükümet tarafından Türkçeleştirilen yerlerin isimleri esasta Kürtçedir. Birçok durumda Kürtçe asıllı isimler Türkçeye benzetilerek dönüştürülmüştür; Atmi Atmalı'ya, Hortan Hortlu'ya Karkan Karalar'a dönüştürülmüştür. Bazı durumlarda ise Kürtçe isimler Türkçeye çevrilmiştir; Ava Spî Aksu ve Kaşhan Toprak olarak çevrilmiştir.

Yolumuz sarp ve derin koyaklarla kesilmiş oldukça kayalık seyrek nüfuslu bir bölgeden geçiyordu. Koyu yeşil yapraklı, heybetli ardıç ağaçlarının süslediği mükemmel bir manzara eşliğinde yürüyorduk.

Tapu Ağa, aşiretinden küçük bir grubun konakladığı yaylaya kadar 10 kilometrelik bir yolda bize eşlik etti, burada bizim için öğlen yemeği verdiler. Yemek için beklerken Tapu Ağa'ya fotoğraf çekmek için köylülerin toplanmasını önerdim.

"Kadınları da istiyor musun?" diye sordu.

"Eğer bir itirazınız yoksa elbette isterim" cevabını verdim.

"İtiraz mı? Ne gibi bir itirazımız olabilir ki? Bizim kadınlarımız Türk kadınlarına benzemez!" dedi ayakta duran ak sakallı bir köylü: Türk kadınları başlarını kapatıp bacaklarını açarlar, bizim kadınlarımız tersini yaparlar, diye ekledi.

Kürtlerin namusa düşkünlüğü meşhurdur. Milligan 'Wild Life Among the Kurds' (Kürtler Arasında Vahşi Yaşam) adlı eserinde Kürt kadınlarından bahsederken onların davranışlarının kendine has bir yerindelik taşıdığını, ne Ermeni kadınları gibi utangaç, ne de Osmanlı kadınları gibi kibirli davranışları olduğunu belirtiyor. Ahlak anlayışları olağanüstü sıkı kurallara bağlanmıştır, evli bir kadınının işlediği bir kusurun cezası genelde ölümdür, bu kusura ortak olan erkek de kadınla aynı kaderi paylaşır.

Kürtçede fahişe kelimesinin karşılığı yoktur. Bir fahişe

üstü kapalı bir şekilde Doğu bölgelerinde Fars, Batıda Türk, kuzeyde Rus ve güneyde de Arap tabiriyle ifade edilir. Fiziksel olarak güçlü olan bir erkeği betimlemek için Kürtçede bir bekar kadar güçlü tabiri kullanılır.

Öğle yemeğinden sonra Sinemilli'yle vedalaşırken, ak sakallı yaşlılardan birinin yanıma gelerek iki yanağımdan öpmesi beni hayrete düşürdü. Böyle bir hareket, memnunlukla karşılanmamızın, gerçek samimiyetin ve sıcaklığın ifadesiydi.

Bütün İngiliz seyyahların, Fırat ve Dicle arasındaki Kürtlerin dost canlısı, konuksever ve içten insanlar olduklarını kaydetmeleri gerçekten dikkate değer bir noktadır. Sir Mark Sykes, Kürtlerin, Avrupalılara ve yabancılara dostça yaklaştıklarını belirtir. Military Report on Eastern Turkey in Asia (Asya'da Doğu Türkiye Üzerine Raporlar) cilt IV'te bu bölgedeki Kürtlerin dostane tavırlarından, nezaketinden ve konukseverliğinden bahsedilir. Kuzey Suriye'deki nüfus üzerine notlar ve değerlendirmelerde (Intelligence, Cairo tarafından yayımlandı) Kürtler, cahil fakat aynı zamanda sevecen, konuksever gibi nitelemelere layık görülmüştür.

Günlük seyahatimizin sonuna doğru, antik bir hisarın kalıntıları olan *Gelli a [geliyê] Nokrakh* diye adlandırılan küçük bir geçitten geçtik. Anlatılanlara göre bu hisar, Türk istilacılara karşı savaşlarda kullanılmak üzere Kürtler tarafından inşa edilmiş.

Geceyi geçirmek üzere aynı isimli ovanın kuzeyine kurulmuş olan Nokrah köyünde konakladık. Türklerin ikamet ettiği ovada topraklar Türler tarafından ekilip biçiliyor. Kendi deyişleriyle, burası Kürtlerin ortasında bir Türk adası. Köylülerin önemli bir kısmı Kürtçe biliyor ve zorunluluktan da olsa Kürtlerle ilişkilerini iyi tutuyorlar. Başkanları Ahmet, küçük hırsızlık olaylarında ve çeşitli anlaşmazlıklarda, hükümete başvurmayıp bu vakaların karara bağlanması için iki büyük Kürt reisine, Tapu Ağa ve Yakup Paşa'ya gittiklerini anlattı.

Köylüler Türk yönetiminden, hele de rüşvet yiyen mahkemelerden oldukça şikayetçiler. Dış güçlerin egemenliği konusunda hiçbir fikirleri yoktu. Nasıl bir yönetim olacağını anlattığımızda, adil olduktan sonra kimin yönetimi altında olduklarının umurlarında olmadığını belirttiler. Böyle bir tavrın altında yatan neden belki de bu köyün Şia olmasıydı, yani Türkler tarafından ayrıksı görülenler.

Köy nüfusu hakkında verdikleri bilgiler bariz bir şekilde yanlıştı, neden böyle bir yola başvurduklarını anlayabilmek için oldukça zorlandım. Ertesi sabah anlaşıldı ki, köye geldiğimizde vergi tahsildarı olduğumuzu zannetmişler. Bundan dolayı hane sayısı hakkında kasti olarak eksik bilgi vermişler. Onlara bizi nasıl Türk memurlarıyla karıştırdıklarını sorduğumuzda, Türkçeyi güzel konuştuğumuzu, *Efendiler* gibi giyindiğimizi ve yanımızda silahlı askerler bulunduğu cevabını verdiler. Köylülerin vergi memurlarına karşı aldıkları küçük bir önlem!

Aşağıdaki tablo savaşın bu köy üzerindeki etkisini göstermektedir:

	Savaştan önce	Savaştan sonra
Ev sayısı	200	200
Saban sayısı	150	65
Küçük baş hayvan	10 000	1 000

1'e 10 verim alınmaktadır.

Saban başına ekilen tohum miktarı en fazla 700 kilo, ortalama 400 kilo.

Askere alınan 400 kişiden sadece 40'ı dönmüş.

Köyün bu yıl tarım gelirleri için ödediği vergi miktarı, 300 £ değerine denk gelen 100 bin kuruş. Aile başına savaş öncesinde bir Doğu ülkesi için oldukça yüksek bir miktar olan 2 £ vergi ödenmektedir. Her bir sabanın 5 £ gelir getirmesi için 4 tonluk bir üretim yapılması gerekir. Devlet bu üretimin sekizde birini vergi olarak istemektedir, bu da yarım ton eder, günümüz fiyatlarıyla 10 £'lık bir miktar. Dahası vergi tahsildarlarının bahçelerden ve bağlardan aldıkları verginin bu miktara eklendiği ve dolayısıyla toplam miktarın 10 £'u aştığı unutulmamalıdır. Böyle bir sistemde devletin zarara uğradığı ve tahsildarın bundan kazançlı çıktığı sonucuna rahatça varılabilir. Köylülerin sekizde birlik kısmının tamamını ödeyip ödemediklerini kesin olarak tespit edemedim. Kürt köylerinin bu vergiyi tam ödemediklerini biliyoruz, vergi tahsildarı yanında toprak sahibi ağa olmaksızın ya da onunla birlikte bazı düzenlemeler yapmaksızın Kürt köylerinden vergi toplamayı akıllarından bile geçirmezler. Kürt tarlalarının, Türklerinkiyle karşılaştırıldığında daha az çeşit ürün verdiği görülür. Savaştan önce vergiler Türk imparatorluk güçlerinin zoruyla tahsil edilirdi. Savaş sırasında ordunun daha fazla tahıla vs ihtiyacı olduğu bir anda, imparatorlukta yeni bir vergi toplama sistemi başlatıldı. Hasat zamanından önce vergi tahsildarı köylere gönderilerek ürün miktarını tahmin ediyordu ve bu miktar üzerinden vergi alınıyordu. Tahmin edilebileceği gibi, bu sistem geniş ölçüde yolsuzluklara neden oldu ve şüphesiz bundan yönetim muzdarip oldu. Savaş sona erdiğinde bu sistem ilga edildi ve yine eski sisteme dönüldü. Hiç şüphe yok ki dürüstlük, organizasyon ve kadronun olmadığı bir ülkede yönetim için en karlı yöntem tarım gelirlerine göre belirlenen vergi sistemidir. Aynı zamanda aşiret esasına göre örgütlenmiş, geri kalmış bir ülkeyi aldığımızda bu sistemin Büyük Britanya'ya uyup uymayacağı akılda tutulması gereken bir sorudur. Sistemin temel dezavantajı toplanan paraların doğrudan varlıklı bir şehir efendisinin cebine girmesidir. Bizim hedefimiz ise, yerel aşiret liderlerini ve toprak sahiplerini güçlendirmek olmalıdır. Bu hedefe, bölgeye gelecek olan İngiliz yöneticilere verilen görevi kabul etmeleri için en yüksek parayı teklif ederek ulaşılabileceğini düşünüyorum.

Tarlaların küçük olmasının altında yatan neden, büyük ihtimalle, savaş öncesine nazaran tohumların 14 kat daha pahalı olması ve bu miktarın üçte birini hükümetin peşin olarak talep etmesidir. Sonuç olarak hükümetin topladığı vergi miktarı, savaş öncesine göre kırk kat daha fazladır. Türk yönetiminin zihniyeti bu işin büyüklüğünü kavrayacak kapasitede değil.

Bu akşam hava şaşırtıcı bir şekilde değişti, Ağustos ayında olmamıza rağmen yağmur yağdı. Köylüler, bunun pek de nadir görülen bir durum olmadığını söylediler. Bu durumu 3 bin metre yüksekliğindeki Nokrah Dağına olan yakınlıklarına bağlıyorlar. Geçen yıl Temmuz ayında yağan karın iki üç gün sürdüğünü 60 cm'ye ulaştığını ve çok sayıda hayvanın telef olmasına yol açtığını belirttiler.

Köylülerin Nokrah dağını oluşturan metalin, dağda gece yolculuk eden bir insana yetecek kadar ışık saçtığı gibi bir batıl inanışları var.

30 Ağustos

Atmilerin ya da Türklerin deyişiyle Atmi Kürtlerinin lideri Yakup Paşa'nın yayladaki evine gittik.

Yolculuk sırasında başıboş develerle karşılaştık. Burada, hiçbir hırsızın bu bölgede develeri çalmaya tenezzül etmeyeceğini dolayısıyla develeri korumanın onlara bekçilik etmenin pek anlamı olmadığını öğrendim. Dahası bu develer buralardan pek uzağa gitmezlermiş.

Yakup Paşa 60 atlı adamıyla yolda bizi karşıladı. Bu dostça karşılama sırasında Yakup Paşa'nın adamları silah attılar, davul-zurna çaldılar.

Yakup Paşa, yanında 60 atlı adamı olduğu halde yolun yarısında bizi karşıladı. Adamları bizi büyük bir debdebeyle karşıladılar; silahlarını ateşlediler, davullar çaldılar. Atmi Kürtleri Pazarcık, Elbistan ve Besni ilçelerinde yaşayan 2500 aileden oluşuyor. Pazarcık ve Besni'de yaşayan Atmiler göçebedirler; yılın bir kısmını kışlaklarında bir kısmını ise hayvanları için otlaklar aradıkları yaylalarda geçirirler. Elbistan'daki köyler dağlık alanlarda konumlanmıştır ve yaz aylarında köylüler kıl çadırlara geçmektedir. Buradaki tek amaç pire ve sineklerden korunmaktır.

Yakup Paşa'nın kaygılı bakışları ve sinsi bir görünüşü var. Belki de bunun sebebi geçen yıl Türklerin Paşa'yı dokuz aylığına hapsetmeleridir. Bu olayın etkilerini kısa bir süre sonra üzerinden attığını anlattı.

Türklerin kendisini, bir aşiret lideri olarak gücünü kırmak amacıyla hapsetmiş olduklarını düşünüyor. Yakup Paşa, civardaki bir eşkıya grubuna yardım ve yataklık yaptığı gerekçe gösterilerek, yirmi adamıyla birlikte hapsedilmiş. Yirmi adamı da aleyhine ifade vermeleri ve mahkemeye delil sağlamak için işkence görmüşler. Bunlardan dokuzu, ağır işkence sonucu ölene kadar direnirken, on bir adamı işkencede çözülüp, Türk yetkililerin istediği cevapları vermişler. Yakup Paşa'nın Türklere şiddetle karşı olduğunu tahmin etmek hiç de zor değil, fakat bu yönüyle bölgedeki diğer Kürt reisleri arasında bir istisna da değil.

Yaylaya ulaştığımızda mükemmel bir sofra bizi bekliyordu. Yer sofrasına serilmiş olan yemekte 17 çeşit vardı. Biz misafirler, yerden yaklaşık 45 cm yüksekte olan, küçük ayakların üzerindeki kocaman bir sininin etrafına oturduk. Her yemeğin siniye gelip oradan kaldırılması sadece yarım dakika sürüyordu. 17 çeşitlik bütün servis sadece 14 dakika sürdü.

31 Ağustos

Yakup Paşa'nın yaylasında.

Bizim ziyaretimizle birlikte Kürt ulusal duygularında, kayda değer bir canlanma oldu. Bu sabah davul zurna çalan iki kişi geldi çaldıkları biraz ilkel müzik eşliğinde *Yunan Horası*'na çok benzeyen bir dansa başladılar. Yarım hilal biçiminde el ele tutuşan dansçılar, omuzlarını sağa sola sallayıp vücutlarını öne ve arkaya hareket ettiriyorlar ve ayakları da vücutlarına eşlik ediyor. Dansları sırasında aralıklarla bazı dansçılar yüksek sesle bağırıyor. Bu dansın figürleri hora ile karşılaştırıldığında daha basit kalır. "Bir daire oluşturmuş insanların müzik eşliğinde yumuşak hareketlerle hafif rüzgarda dalgalanan mısır tarlaları gibi uyum içerisinde salınması" şeklinde tasvir edilebilir.

Danstan sonra 'Tura' diye bilinen bir oyun oynandı. Oyun, iki kişinin yer aldığı geniş bir alanda oynanıyor. Her iki oyuncu da ellerinde, ucunda bir kamçı olan uzunca bir sırık taşıyor. Oyunculardan biri kamçıyı kafasının üzerinde tutup müzik eşliğinde dans ederken diğer oyuncu elindeki kamçıyla var gücüyle dans edene arkadan vuruyor, dayak yiyen oyuncu elindeki kamçıyı kenarda bekleyen seyircilere doğru fırlatıyor. Kamçıyı kapan kişi oyun alanına fırlıyor, artık kendisi kamçıcı oluyor ve oyun kuralları gereği ebe olan diğer oyuncuya vurmaya çalışıyor. Oyun bu minvalde devam ediyor. Saatlerce büyük bir eğlenceyle devam eden oyun, sonlara doğru daha eğlenceli hale geliyor. Bu bölümde, 70-80 yaşlarında ak sakallı ihtiyarlar sahneye çıkıyor. Ancak yine de şiddet inanılmaz bir şekilde devam ediyor, kamçılar havada uçuşuyor. Gençler ihtiyarlara insaflı davranıp onları kurtarıyorlar ancak çoğu zaman bu ihtiyarlar birbirleriyle eşleşiyor.

Akşam Malatya'ya gitmek üzere yola koyulduk, geceyi geçirmek üzere 40 haneli Atmi Kürtlerinin yaşadığı Muratta köyünde durduk. Bir kez daha bu aşiretin konuğu oluyorduk.

Yemekten sonra büyük bir ateş yakılarak *sing a sing* (göğüs göğüse) adında geleneksel bir oyun oynandı. Oyunun gözlemlediğim kuralları şu şekildedir: Oyuna başlarken etrafında 18 metre çapında geniş bir daire oluşturuluyor. Köylülerden birisi ateşin yanına gelerek burada yüzünü dairenin aydınlanan bölümüne dönüyor. Karşısında duranlardan birisi (göğüs göğüse) o fark etmeden onu yakalayıp vurmaya çalışıyor, ebe ise bu saldırıdan kendisini korumak için güvenli bir yer olan çemberin karşısına geçmek zorundadır.

1 Eylül

Bugünkü hedefimiz olan 34 kilometre uzaklıktaki Polat'a ulaşmak için 1800 metre yükseklikteki Kurtdaja olarak bilinen tepeyi aşmamız gerekiyor.

Polat Ovası küçük olmasına karşın oldukça verimli sulu bir arazi. Polat, 9'u Kürt 2'si Türk toplam 11 köyden oluşan bir nahiye. Uzun kara kavak ağaçları, ovanın etrafındaki yüksek dağlarıyla İranî bir görünüm arz ediyor. Savaş Bürosu'nun yayımladığı Türkiye'nin doğusu ile ilgili askeri raporlarda (Military Report on Eastern Turkey in Asia Vol. IV) Polat, Melali Kürtlerinden 220 hanenin bulunduğu bir köy olarak geçer. Oysa buranın yerlileri arasında Türkler de yer almaktadır. Köylülerin verdiği bilgilere göre savaştan önce bulunan 400 evden sadece 200'ü ayakta kalmış. Ayrıca şu anda çocuklarıyla beraber 100 dul kadın bulunmakta. Köyden askere alınan 700 kişiden sadece 50'si geri dönmüş, dönenlerin çoğu ise sakat, hasta ve iş yapamaz haldeler. Savaş öncesi toplam erkek nüfusunun 2000 olduğu düşünülürse, savaşa katılanların toplam köy nüfusuna oranının % 35 olduğu görülür. Bu oran, askere alma oranının % 15 olduğu Avrupa ülkeleri ile karşılaştırıldığında, hatta daha sağlıklı olan Türk köyleri gözönünde bulundurulduğunda oldukça yüksektir. Hane sayısını temel alarak hesapladığımızda ev başına 5 kişi askere alınmıştır. Yine geri dönenlerin toplam 2000 kişi olduğunu hesaba kattığımızda sayının çok az olduğu göze çarpar. Bu sayı, nüfusun çeşitli kesimlerinde değişmektedir ve yerleşik ve zengin bir köyden hane başına 6-7 kişi kadar olması mümkündür.

Dört öküzle çekilen sabanların sayısı 130'dan 70'e düşmüş. Bu oran nüfusun azalma oranıyla aşağı yukarı aynıdır. Sonuç olarak, geriye kalan aileler en az savaş öncesinde oldukları kadar zengindir. Savaş öncesiyle karşılaştırıldığında, bu köyde olduğu gibi, bazı durumlarda köylüler kayda değer miktarda ihtiyaç fazlası tahıl üretmektedir ve tahılın fiyatı diğer mallara nazaran daha fazla artmıştır. Bu üretim fazlası sayesinde köyde 1917-1918'den bu yana açlıktan ölen olmamıştır.

Karşılaştığımız onca canlı, sıcakkanlı ve yaratıcı Kürtten sonra burada rastladığımız, Kürtlerle aynı yörelerde yaşayan Türklerin durgunluğu, sessizliği bizi şaşırttı. Karakterleri arasındaki bu çok önemli farktan dolayı Kürtlerin milliyetçi duyguları Türklere göre daha keskindir. Bugün buraya gelirken yolda karşılaştığımız, benim İngiliz subayı olduğumu duyan yaşlı bir Türk, hiddetle şunları söyledi: "Adaletli İngilizler ne zaman gelip ülkemizin ayakta kalmasını sağlayacaklar?" Ve yine Polat'ta reisle birlikte yemek yerken, sözcüleri Avrupalı kuvvetlerin egemenliği altına girmek istemediklerini, diğer taraftan Ermeni yönetimine de teslim olmayacaklarını belirtti. Kürtlerde temel olarak güçlü bir bağımsızlık ve Türk hakimlerden kurtulma isteği oldukça güçlüdür. Bu istek temel olarak Kürtlerin bağımsız ve asi karakterlerinden, sınırlanmaya ve kontrole karşı tahammülsüz olmalarından kaynaklanır. Kürtlerin dahil olduğu bir manda yönetimi zor ve sorunlu olacaktır ancak karşılaştırmak gerekirse Türk köylülerinin ve küçük toprak sahiplerinin manda yönetimi altında tutulması çok daha kolay olacaktır.

Kürtlerin ve Türklerin karakterleri arasındaki farklılığa somut bir örnek olarak, dün konakladığımız sırada Yakup Paşa'dan gördüğümüz misafirperverliği ve bugün, köyün en büyük toprak sahibinin konuğu olduğumuzda gösterilen dostluğu ölçüt olarak göstermek istiyorum. Kürtlere misafir olduğunuzda, atların önüne sınırsız miktarda arpa koyarlar, ama Türkler kaç hayvanınız olduğunu sorarlar. Kürtler, konuklarına ondan fazla çeşitten oluşan mükemmel bir sofra hazırlarlar, konuklar fazla yemeleri için yapılan ısrarlardan bıkarlar. Eğer kahvaltı yapamayacak kadar erken yola çıkarsanız hazırladıkları yolluklar hayli hayli yeter.

Henüz doğum safhasında olan *Kürt Komiteleri* sistemi hakkında Antep ve Pazarcık'ta duyduklarım Polat'ta da teyit edildi. Buradaki önde gelen Türk tüccarlar, Maraş'la olan ticaret yollarının güvensizliğinden yakınıyorlar. Çünkü buralarda bulunan eşkıya çeteleri sadece Türklere ait kervanlara saldırıyorlar ve kervanlarının güvenliğini sağlamak için Kürtlerle ortaklıklar kurmaya çalışıyorlar.

Köylüler burada yetişen az miktarda tütünün ancak kendilerine yettiğini söylüyorlar. Tekel sisteminin keyfi işlemesi nedeniyle, tekel görevlilerinin mahsulü toplamadan önce gelip nasıl tespit ettiklerini ve çok büyük bir miktarının standartlara uymadığı gerekçesiyle kullanılamaz belgesi yazdıklarını anlattılar. Eğer çiftçi zengin ise tütün eksperlerini satın alabilir, ama değilse verilen kararlara boyun eğmek zorundadır. Ürünler toplandıktan sonra görevli, köyü ikinci kez ziyaret eder. Çürüğe ayrılan mahsulün bir kısmı yakılmaz, rüşvet olarak görevlinin cebine gider. Köylüler eğer tütün ekimi serbest bırakılırsa şu anda ürettiklerinden çok daha fazlasını üretebileceklerini belirtmekteler.

Bu ülkede para biriminin ne olduğu çok karmaşık bir sorudur. Halep'te bir altın lira 8.25 Mecidiye, Antep'te 8.5, Pazarcık'ta 7.5, burada ise 7 Mecidiye değerindedir. Aynı şekilde kuruşun mecidiye karşısındaki değeri de değişiklik gösterir. Halep'te bir mecidiye 25 kuruştu, Antep ve Pazarcık'ta 23 ve burada ise 20 kuruş ediyor. Diğer taraftan kuruş üzerinden fiyat konulurken 1 mecidiye 20 kuruş olarak belirleniyor.

Haziran'dan beri nikel paralar tedavülden kalktı. Eski mecidiyeler ise %20 indirimle kabul ediliyor. Lira değeri şimdi 2 mecidiyenin altında fakat yakın bir zamana kadar iki çeyrekti. Mecidiyenin değerindeki bu artış ve para birimindeki dalgalanmalar tamamen Hükümetin vergi gelirlerini kağıt para olarak toplayabilmesinden kaynaklanıyor. Eğer hükümet vergileri başka bir birim üzerinden toplamaya kalksa kağıt paranın değeri şimdikinin yarısına hatta çeyreğine düşecektir.

2 Eylül

Bugün, kısa bir yolculuktan sonra Urem köyüne vardık.

Burada Kürecik Kürtleri reisi Ömer Ağa'nın evinde konuk olduk. Kürecikler yerleşik bir aşiret. Yaz aylarında köylerine göçerler ve küçük çadırlarını (kon) köyün etrafındaki meralara kurarlar. Gelir düzeyleri bir kon sahibi olamayacak kadar düşük olan % 30 civarında aile, çalılardan yaptıkları kulübelerde (kolik) kalırlar.

Aşiret 38 köye yayılmış 2520 aileden oluşuyor. Yalnız bunların arasında 4 Türk köyünde 495 aile yaşamaktadır.

Yol kenarında, ovada kurulmuş, dolayısıyla ister istemez yönetim birimlerine yakın olan üç ya da dört köyde, daha iyi eğitim görmüş köylülerin tercihleri, Kürtçeden ziyade Türkçe konuşmaktan yana, aslında birçoğu da Kürtçeyi unutmuşlar. Kendi dillerini neden bilmediklerini sorguladığınızda, eğer düzgün Türkçe konuşmasalar Hükümet görevlileriyle anlaşamayacaklarını mazeret olarak gösterirler. Diğer köylerin büyük çoğunluğunda köy sakinleri yaygın olarak Kürtçeyi kullanıyorlar, aralarında sadece birkaç büyük şahsiyet Türkçe biliyor.

Hükümete şiddetle karşı olan aşiret, savaşa 3 bin insan vermiş ve bunlardan bini firar etmiştir. Enver Paşa, firarilerin evlerinin yerle bir edilmesi için bir kanun çıkarttı. Bu kanun, firarilerin ailelerinin yalnız kalarak eşkıyaya katılmalarına ve yol kesme, yağma gibi eylemlere yönelmelerine sebep oldu. Birçok köyün aksine burada, bu kanun uygulanırken bir direniş gösterilmedi. Neden Türk askerlerine karşı koymadıklarını sorduğumuzda "Karşı koymadığımız zaman bize daha iyi davranacaklarını zannediyorduk ama gördük ki bize karşı tutumları direniş gösteren aşiretlere olan tutumlarından hiç de farklı olmadı" şeklinde cevap verdiler.

Aşiret yaklaşık yirmi yıl önce yönetime karşı ayaklanmış fakat bu ayaklanma kısa sürede bastırılmıştı. Yönetimin aşirete verdiği ceza, vergi oranını %10'dan %25'e çıkarmak oldu. Bu uygulama, tohum alamayan ve kendine ait sabanı olmayan aileler için topladığı ürünün sadece %50'sinin kendisine kalması anlamına geliyordu. Çünkü %25'ini de saban ve tohum sahibine vermek zorundaydı. Bir ihtimal, böyle bir uygulamanın sebebi bir zamanlar bu bölgedeki arazilerin Sultan Hamid'in özel mülkiyetine dahil ediliyor olmasıydı.

Şikayetlerin diğer bir önemli kaynağı, sürülere ve yiyeceklere yönetim tarafından el konulmasıdır. 140 hanelik bu köyden hükümetin talep ettiği vergi miktarı, 3 £T tutarına yakındır. Bu da aile başına yaklaşık 21 £T tutarının düştüğü anlamına gelir. Bu miktarın toplamının milyonlara vardığı tahmin edilebilir. Türkiye için kurulacak olan manda rejimi, mevcut yerleşim için bu talep edilen miktarı geri alabilecek mi?

Omer Ağa savaş bittiğinden bu yana bir aşiret reisi olarak kendisinin etki ve güç kaybına uğradığını, yerel otoritenin onun yerine daha çok Müdürün eline geçtiğini anlattı. Bu elbette Türklerin yerleşik aşiretlere uyguladıkları siyasetin sadece bir yönü. Hükümet kuvvetleri, savaştan ve kalabalık düşman kuvvetlerinin varlığından yararlanarak olağan durumlarda üstesinden gelemeyeceği bir güç olan mevcut aşiret örgütlenmelerini dağıtmıştır. Daha önce Türkler hakimiyet alanlarını aşiretlere bırakmayı münasip görüyorlardı, öyle ki buradaki nahiye adları genellikle aşiretlerin adlarıyla aynıydı. Fakat daha sonra, savaş sırasında yönetim, kendini aşiretleri bölerek nahiye örgütlenmesini tekrar düzenleyecek kadar güçlü buldu. Kürecik özelinde bu uygulamayı örnekleyecek olursak; aşirete ait 11 köy diğer nahiyelere ve hatta Elbistan kazasına dağıtıldı.

Bu ülkede toprak sahipliği sistemi aşağıdaki gibidir:

İcara ya da Ruba: Toprağı işleyen, tohumu ve sabanı kendisi sağlar. Toprak sahibi ürünün 1/4'ünü alır.

Nivikar: Toprakta çalışan köylü, sadece sabanın sahibidir, tohum toprak sahibi tarafından sağlanır ve ürün yarı yarıya paylaşılır.

Maraba: Hem tohum hem de saban toprak sahibi tarafından sağlanır, toprağı işleyen ancak ürünün 1/3'ünü alır.

Malatya'ya ulaştık. Yolda Türklerin kendilerine karşı olan tutumu ve Ermeni devletinin kurulması sebebiyle Kars'tan göç etmiş insanlarla karşılaştık. Köylülere, geride bıraktıkları evlerine dönüp topraklarını işlemeyi isteyip istemediklerini sorduğumuzda; Ermeni devletinin Müslüman nüfusa yaptığı zulümlere dair hikayeler duyduklarını, bunun için memleketlerine dönmeye pek niyetli olmadıklarını, Şeriat rejimi ile idare edilen topraklarda yaşamayı tercih ettiklerini söylediler.

"Ah Rusya'nın hakimiyetindeki eski, güzel günler" diye iç çekiyorlardı, "karışanımız görüşenimiz yoktu, düşük vergiler öderdik ve hepsinden iyisi askerlik zorunlu değildi."

Malatya'ya yaklaştığımızda Mutasarrıf, Başkan ve diğer önemli memurlar tarafından karşılandık.

Heyetimizde yer alan iki Bedirhan'ın amcası olan mutasarrıf Halil Bey, güçlü Kürt milliyetçi duygulara sahip ve İstanbul'da bulunan Kürt Cemiyeti'nin ve gazetesinin kurucuları arasında yer alıyor. İngilizlere karşı sempatiyle yaklaşan bu açık görüşlü yöneticinin Malatya'daki Ermeniler ve ACRNE ile iyi ilişkiler kurmuş, fakat şehirdeki Türklere karşı, hem fanatik oldukları için hem de Halil Bey'in Türklere karşı beslediği antipatiden dolayı aynı iyi ilişkileri geliştirmiş olduğunu söylemek mümkün değil. Şöyle bir soru zihinleri meşgul edebilir: 'Nasıl bir Kürt, Kürtlerin ağırlıkta olduğu bir sancakta Mutasarrıf olabiliyor?' Bu sorunun cevabı atamayı yapan iç işleri vekili Mustafa Arif Bey'in tavrında gizli. İç işleri vekili Mustafa Arif Bey, aynı zamanda Bedirhan ailesinin kadim dostları arasında yer alıyor. Ancak, Mustafa Arif Bey'in vekillik görevi fazla sürmedi, o görevden alınır alınmaz Halil Beyin makamına şüpheyle bakılmaya başlandı, fakat Kürtler üzerinde etkili bir şahsiyet olması ve biraz da bölgeyi herhangi bir Türkün yöneteceğinden daha iyi yönetmesi dolayısıyla Türkler onun görevine son vermeyi göze alamadılar.

ACRNE üyeleri tarafından Halil Bey'e; Türklerle Müttefikler arasında bir düşmanlık başgösterdiği takdirde Malatya sancağının Kürtlerinin Türklere karşı ayaklanacakları ve onları bölgeden kovacakları bilgisi verilmiş. Bu bilgi İstanbul'daki Amerikan Büyükelçiliği'ne de aktarılmış.

İstanbul'u ziyaretim sırasında İçişleri Vekilliği bana telgrafları şifreli gönderme ve şifreli alma yetkisini verdi. Buraya döndüğümde 9 tane şifreli telgrafı beni bekler buldum. Ama telgrafların şifresini çözemedim çünkü birileri telgraflara kasten zarar vermişti. Bunun karşısında telgraf müdürünü aradım. Kürt olan telgraf müdürü sayesinde Urfa ile bağlantı kurarak hiç değilse birkaç telgrafın temiz kopyalarına ulaşabildim.

Harput valisinin, Malatya'nın güneyinde bulunan Kahta kazasının kaymakamını arayarak ona benim bölgedeki Kürt aşiret liderleri ile görüşmemi engelleme emri verdiğini duyduk.

4 Eylül

Burada ACRNE'nin görevlileri iki genç kadından oluşuyor. Genç kadınlar, yardımların dini bir temelden bağımsız yapıldığı düşüncesi ile burada olduklarını fakat Ermenilerin bölgedeki tutumunun Müslüman çocukları yetimhaneye almayı hayli zorlaştırdığını belirttiler. Bunun yanı sıra Ermeni bir kadın öğretmenin, öğrencilerine Ermenilerin Müslümanları kendilerinin maruz kaldıkları türden bir katliama tabi tutmak için beklediklerini anlattığı bir vakayı anlattılar.

Bugün, Antep'ten Malatya'ya olan yolculuğum esnasında Kürtlerin siyasi konumu ve tutumu hakkında çıkarttığım sonuçları yazdığım aşağıdaki telgrafı gönderdim:

"Malatya'ya Antep'ten 320 kilometrelik zigzaglı bir yolculuk sonunda ulaştım. Yolculuk yaptığım bölgenin Ermenilere ait olduğu iddia edilmektedir. Fakat buranın savaş öncesi Ermeni nüfusu, Kürtlerle birlikte yaşayan sadece 25 esnaf-zanaatkar ailesi ile sınırlıdır. Ermeniler, Kürtlerin dostça davranışlarını ve ülkelerinden geçerken Ermeni sürgünlere yaptıkları yardımı övgü ve minnet dolu sözlerle anmaktadırlar.

"Antep'in ilk 50-60 kilometresi hariç, karşılaştığım nüfus ağırlıklı olarak (%70-80 civarında) Kürtlerden oluşmaktaydı. Ziyaret ettiğim hemen hemen her yerde, güçlü Kürt milliyetçi duygularla, Türklere karşı duyulan antipati ve yönetime duyulan nefret ile karşılaştım. Kürtler genel olarak yönetime karşı isyan duyguları besler, şimdilerde bu duygu, savaş sırasında sıradan Kürt insanının sindirilmiş olması dolayısıyla canlılığını korumamaktadır. Ama yine de bir isyanı başlatmak için dış kaynaklı bir ateşlemeye gerek yoktur.

"Geçtiğim yerlerde anti-İngiliz ya da pan-islamist bir hareketin tek izine dahi tanık olmadım. Her yerde içten bir dostlukla karşılandım. Bu tavırları şunlara bağlıyorum:

"1. Ermeni nüfusun azalması dolayısıyla savaş öncesi ırksal sorun ortadan kalkmıştır. Ermeni hakimiyetinin kurulması tehdidi sıradan insanların gözünde ağırlık oluşturamayacak kadar farazi kalmaktadır. Aslında, Ermeni hakimiyetinin Türklerinkinden daha iyi olacağına inanan Kürtler de bulunmaktadır.

"2. Kürtlerin %75'i toleranslı ve rahat bir kimlik arzeden Şiilerden oluşmaktadır. Geriye kalan % 25'lik Sünni kesim hiçbir şekilde fanatik değildir. Türklerin de bir kısmı Şiidir.

"3. Malatya'da Mutasarrıf olan, aynı zamanda Bedirhan ailesinden gelen Halil Bey, İngilizlere sempatiyle bakan samimi bir Kürt milliyetçisidir."

5 Eylül

25 Ağustos civarında, buraya gelişimizden on gün önce, Diyarbakır'da bulunan 13. Kolordu; Malatya'daki O.C. birliklerine heyetin Kürt üyelerini tutuklamaları için telgraf çektiğini, fakat yerel garnizondaki asker eksikliği, bölgede

çok sayıda silahlanmış Kürt bulunması ve Mutasarrıfın jandarmayı kendi aleyhlerine kumanda etme ihtimali karşısında ordunun bu harekatı durdurma kararı almak zorunda kaldığını öğrendik.

Bir güvenlik önlemi olarak İstanbul'daki Büyükelçiliğe Türkçe kaleme aldığım aşağıdaki telgrafı gönderdim, telgraf amirinden aynı telgrafı Harput ve Diyarbakır'a da göndermesini rica ettim.

"İstanbul'dan ayrıldığımda çeşitli vilayetlerin yöneticilerinin, hükümetleri tarafından belirli bir amaca yönelik görevim ve onun hedefleri konusunda uyarılacaklarına dair bir izlenimim mevcuttu. Malatya'ya vardığımda hiçbir yerel yöneticinin herhangi bir uyarı almamış olduğunu şaşkınlıkla karşıladım. Diyarbakır'da bulunan 13. Kolordunun, Malatya'daki O. C. birliklerine, bana eşlik eden ve görevimin hedefine ulaşabilmesi için yardımları kesinlikle şart olan Kürtleri yakalamalarını bildiren bir telgraf çekmiş olduğunu öğrendim.

"Büyükelçilikten ricam; Türk Hükümetinin çeşitli vilayetlerdeki askeri ve sivil yöneticilere bana ve bana eşlik eden, yardımları şart olan Kürtlere izin vermeleri için derhal bir telgraf çekmesi ve Türk Hükümetini bana veya yanımdakilere herhangi bir müdahale girişimlerinin kendileri için ciddi sonuçlar doğuracağı konusunda uyarmasıdır. Heyette yer alan Kürtlerin isimleri: Celadet Ali Bedirhan Bey, Kamıran Bedirhan Bey, Cemil Paşazade Ekrem Bey ve Abdulrahim Efendi.

Bütün bunların ışığında, alacağınız önlemlerin sonuçları hakkında bilgi vermenizi rica ederim."

6 Eylül

Dün gönderdiğim telgrafın etkileri hemen hissedilmeye başlandı. Harput Valisi, heyetteki Kürt üyelerini İttihat ve Terakki Cemiyeti'nin tacizine karşı korumak için gereken her adımı atacağına dair güvence vermesi konusunda uyarı aldı.

13. Kolordu komutanı (CGS) Halit Bey'in süvari subayı Kaptan Abidin'e gönderdiği mektup Diyarbakır'daki Kürt milliyetçi hareketinin gücünün Türklerin arasında da kabul gördüğünü göstermesi açısından ilginç bir örnektir:

"Göndermiş olduğunuz mektubu aldım. Bunun için size teşekkür ediyorum. Evet sizi sürgüne yolladığım doğrudur. Lakin bilmelisiniz ki bunu sizin iyiliğiniz için yaptım, çünkü siz benim takdir ettiğim bir subaysınız. Beni bunu yapmaya içinde bulunduğumuz durum zorladı.

"Diyarbakır'daki mitingin ne kadar büyük bir coşku ile geçtiğini hatırlarsınız. Mektubunuzda toplantının Erzurum'dakiyle aynı amacı güttüğünü yani Ermeni taleplerinin tanınmasına karşı bir hareket olduğu iddianızı sürdürmektesiniz.

"Toplantının tek amacının bu olduğuna inansaydım toplantıyı hiç kimse benim kadar memnuniyetle karşılamazdı. Fakat Diyarbakırlıların mantalitelerini ayrıntılarıyla inceledim ve onların bütün düşüncelerini biliyorum. Diyarbakırlıların şu anda, Kürt milliyetçiliği maskesi altında, bir İngiliz mandası için çabaladıklarına adım gibi eminim. Jön Kürtlerin halkı galeyana getirmek için yürüttükleri propagandaları ve aldığım raporları değerlendirdiğimde, onların İngilizlerin yararına çalıştıkları nazarımda kesinlik kazanmaktadır.

"Binbaşı Noel döndüğünde (Haziran) Ekrem Bey'in telaffuz ettiği cümleler, ardından Ekrem'in Halep'e kaçması, Diyarbakırlıların bütün tavsiyelerimize rağmen Erzurum Kongresine katılmayı reddetmeleri, bütün bu ve benzeri olaylar bize gerçeğin ne olduğunu açıkça göstermektedir. Yeni Vali görevine başladığında ona bütün bu olayların aslında ne anlama geldiği anlatıldı ve o da Kürt Cemiyeti'ni kapatma kararı aldı.

"İşte görüyorsunuz ki, bu hareketin sizin aklınızı karıştırdığının farkındayım ve sizi tüm tatsızlıklardan korumak için Malatya'ya tayin ettim.

"Umarım buradan gidebilirim. Burada mücadelemi her

yönüyle sürdürmekteyim. Diyarbakır'ın önemli şahsiyetlerine kalplerinin şehrin kara taşları kadar kara olduğunu söylüyorum.

"Ortak vatansever duygularla hareket eden hiç kimseyi göremiyorum..."

7 Eylül

Mutasarrıf Halil Bey, aşağıda yer alan, Vali ve İçişleri Vekili arasında geçen telgrafları bana gösterdi:

6 Eylül'de İçişleri vekilinin Harput Valisine çektiği telgraf, şöyle başlıyor:

"Binbaşı Noel'in Büyükelçiliğe çektiği telgraf üzerine. 'Bedirhanların tutuklanmasının Türkiye için zararlı sonuçlar doğuracağı kanaatindeyiz. Ancak diğer yandan aynı şahıslar, 13. Kolordu Komutanlığı'ndan aldığımız bilgilere göre, oldukça ciddi tehlikeler doğurabilecek Kürt milliyetçi propaganda faaliyetlerinin örgütleyicileri arasında yer almaktadırlar. Görüşlerinizi bize telgraf çekerek bildiriniz."

Valinin cevaben gönderdiği telgraf aşağıdaki gibidir:

"Bedirhanların tutuklanmasına aşağıdaki gerekçelerle karşıyım:

"1. Binbaşı Noel mevcut yönetimin otoritesini sarsacak hiçbir girişimi onaylamayacağına dair bana güvence verdi.

"2. *Serbesti* gazetesine ve Kürt Cemiyeti'nin İstanbul'daki diğer yayınlarına -ki bu yayınlara hiçbir müdahale yoktur ve yetki tamamen bu şahısların elindedir- bakılırsa Bedirhanların önderlik ettiği milliyetçi propaganda daha fazla devam etmeyecektir.

"3. Tutuklamalar, Kürtler arasında kontrol etmeye gücümüzün yetmeyeceği karışıklıklar meydana getirebilir.

"4. Bedirhanların önderlik ettiği propagandanın 13. Kolordunun düşündüğünün aksine ciddi tehlikeler doğurabileceğine inanmıyorum."

Bir Fransız subayı olan Harput ve Sivas vilayetleri Jandarma Müfettişi Binbaşı Bruno, teftişten bugün döndü.

Binbaşı açıkça Mustafa Kemal'in lehinde konuşmaktadır. Valinin gönderdiği aşağıdaki telgraftan da anlaşılacağı gibi Vali ile Fransız Subay arasında fikir ayrılıkları mevcuttur.

"Sivas'tan Harput'a gelen Jandarma Müfettişi Fransız Subayı, Mustafa Kemal'e karşı aldığım önlemlere açıkça karşı çıktı. Binbaşı Noel Fransızların aksine bizim önlemlerimizi desteklemektedir. Bu davranış biçimi Fransızların gizliden gizliye Mustafa Kemal'li ve Sivas Kongresi'ni desteklediğini teyit etmektedir."

Vali daha sonra, Sivas'taki Ulusal Kongre'nin Fransızlar tarafından yönlendirildiğini ve şehirdeki şimdiki heyecanın kaynağının Binbaşı Bruno'nun İttihat ve Terakki Cemiyeti'ni desteklemesi olduğunu iddia etti.

1 Eylül'de Vali, Halil Bey'e Reşvan Aşiretinden yüz silahlı adam toplaması için bir telgraf çekti. Halil Bey, topladığı kuvvetlerin Kürt aşiretlerine karşı kullanılacağını düşünerek bu isteği yerine getirmedi. Ancak Halil Bey Vali'nin emirlerini yerine getirmek zorunda olduğu için isteği Reşvan Aşireti lideri Bedr Ağa'ya iletti. Bedr Ağa da, etrafındaki Kürt liderlerle, önceden düzenlediği şekilde imzalanması durumunda, kendi resmi kapasitesi dahilinde dile getirebileceği isteklere uyulmaması doğrultusunda gizli bir anlaşma yaptı. Sözkonusu silahlı adam isteği bu çerçevede imzalandı ve tabii ki Bedr Ağa hiçbir şey yapmadı.

Daha sonra Valinin ziyaretiyle birlikte bu askerlerin Sivas'ta toplanan, İstanbul Hükümetine bağlı olmadıklarını açıklayan Ulusal Kongre için istendiği anlaşıldı. Dahası İstanbul hükümeti Valiyi 3. Ordu komutanı olarak atadı ve yerel milis kuvvetleri toplayarak Sivas'a karşı hareket etme yetkisi verdi.

Bu durum elbette Kürtlerin meseleye bakış açısını tamamen değiştirdi. Valiye yardım etmekle Müttefiklere hizmette bulunup, Kürt meselesinde mesafe katedeceklerini ve Hükümetin gücünün Kürtler adına zayıflatılmasına zemin hazırlayacaklarını, böylece de Osmanlı hakimiyetinin sona ereceğini düşünüyorlardı. Bu düşünceyle Mutasarrıf, istenilen 100 asker yerine 500 asker göndermek için gerekli adımları atmaktadır.

Balyan aşireti lideri bugün benimle görüşmek için buraya geldi. Balyan aşireti, Türkiye'nin doğusu ile ilgili askeri raporların (Millitarıy Report on Eastern Turkey in Asia) IV. cildinde Rafazi adıyla yer almaktadır. Bilmediğiniz bir dilde çeşitli terimleri kullandığınızda pek de kolay olmayan durumlarla karşılaşıyorsunuz. Benim içinde *Rafazi* teriminin Ortodoks Sünnilerce Şiileri aşağılamak için kullanıldığını öğrenmem böyle bir tecrübe oldu.

8 Eylül

Türkiye sayım kayıtları üzerinde günde birkaç saat çalışmıştım. Ermeniler, Türklerin sayım kayıtlarını Müslüman nüfusu fazla Ermeni nüfusunu az gösterecek şekilde değiştirdiklerini iddia ediyorlar.

Sayım sistemi, daha önce haber vermeksizin köylerin muhtarlarını çağırıp, onlara hem köydeki hane ve aile sayısının hem de aile üyelerinin isimlerinin sorulup kaydedilmesi şeklinde işlemektedir.

Osmanlı Devletindeki ilk nüfus sayımı 1905 yılında yerel seçkinlerden oluşan kurullar tarafından, sırayla tüm köylere giderek orada bulunan insanların isimleri, aileleri kaydedilerek gerçekleştirildi.

Orijinal sayım kayıtlarının önemli ölçüde eksiksiz olduğunu saptadım. Fakat tahmin edileceği üzere devamında alınan kayıtlar yetersiz; ölümler, doğumlar ve evliliklerin yarısı girilmemiş. Ve ancak büyük yerleşim birimlerinin yakınlarındaki köylerde sağlıklı sayımların yapılabildiğini hatırlatmak durumundayım. Türkler, dağlık kesimlerde yaşayan nüfusun %40'ı kadarının sayımdan kaçtığını kabul ediyor. Açık olan birşey var ki, Türk sayımlarında resmi görevlilerin tutumundan kaynaklanan sorunları bir kenara bırakırsak, sayımlar, nüfusun doğru kayıtlarının tutulması için yapılan dürüst bir girişimdi. En küçük bir araştırma bile, sayım kayıtlarını değiştirmeye yönelik herhangi bir organize girişimin sözkonusu olmadığını gösterir.

Maalesef Müslüman köylerde yaptığım araştırmaların benzerlerini Ermeni köylerinde yapamadan Malatya'dan ayrılmak zorunda kaldım. Fakat ilk bakışta şunu söylemek mümkün; Ermenilerin nüfusu Müslüman nüfusundan azdır. Ermeniler, genellikle büyük şehirlerde veya ovalarda bulunan kalabalık köylerde yaşamaktadır. Şüphesiz buralarda nüfus sayımı yapmak fazla bir zorluk arz etmemektedir. Türkler Ermenilerden sayım sonuçlarına dayanarak askerlik muafiyeti vergisi toplamaktadırlar. Bu da sayımların eksiksiz yapılması için güçlü bir teşvik anlamına gelmektedir. Adları Hükümet kayıtlarına girilmemiş olan önemli şahsiyetlerin sahibi olduğu köyler de vardır. Bu açıdan Ermeni toplumunda sözlerini sayım memurlarına dinletebilecek güçte yerel seçkinlerin bulunmaması, sayım verilerinin doğru bir şekilde kaydedilmesi için önemli bir etkendir.

9 Eylül

13. Kolordu komutanlarından (CGS) Cevdet Bey'in (kendisi bir Arap) yayımlamış olduğu aşağıdaki genelge; anti-İngiliz, pan-islamist bir propagandanın yürütüldüğünü göstermesi açısından kayda değer bir telgraf:

Telgraf No: 302/300 9 Eylül

"Bir İngiliz subayının da katıldığı bir heyetin Malatya'ya ulaşması ata topraklarımız üzerine şeytani bir plan tasarlandığının açık bir göstergesidir. Binbaşı Noel adıyla seyahat eden bu şahıs iki ay önce Diyarbakır'a gelmiştir. Türk hükümetine karşı açık bir propaganda yürütmektedir. 6 ay içerisinde tek Türk yetkilinin kalmayacağına dair teminat verdiği Milli aşireti reisine para önermiştir. Fakat bütün bu vaatlerine karşın, emelleri doğrultusunda bir cevap alamamıştır. Cemil Paşazade Ekrem Bey, Diyarbakırlıların hatta kendi öz ailesinin bile nefret ettiği çılgın bir adamdır.

"Ey ahali! Kürtler, Türkler, Araplar ve Arnavutlar 600 yıldır İslamın destekçisi olmuştur. Balkan Savaşından önce Arnavutlar bağımsızlık tuzağı ile aldatıldılar. Bugün, Balkan uluslarından bahsederken Arnavutların isimleri geçmemektedir. Savaş sırasında Mekke ve Hicaz, krallık tuzağı ile aldatılmıştır. Şimdiye kadar verilen sözlere rağmen Suriye, Filistin, Cezayir, Tunus, Trablusgarp ve Mezopotamya'da yaşayan Araplar çeşitli yabancı kuvvetlerin yönetimi altında kalmıştır, bağımsızlıklarını elde edememiştir.

"Arapların kandırılarak bizden ayrıldıklarını görebilmekteyiz. Ancak bugüne kadar birkaç maceracı haricinde bütün Kürtler, tüm dünyada nam salmış dindarlıkları ve halifeye olan sadakatleriyle İslam'la ve Türk hükümetiyle bağlarını devam ettirme isteğinde dirler.

"Kendini Albay olarak tanıtan ancak gerçekte bir Binbaşı olan bu şahıs, Süleymaniye'de siyasi subaylık görevini yürütürken Şeyh Mahmud'un kanına girmeyi başarmıştı. Ancak akılda tutulmalıdır ki, aynı Şeyh Mahmud şu anda İngilizlere karşı amansız bir savaşa girişmiş durumdadır.

"İki ay evvel Kafkasya'dan bir İngiliz subayı, Beyazıt sancağının Ermenilere verildiğini ve şehrin derhal boşaltılması gerektiğini belirten bir notayı Mutasarrıfa gönderdi. Benzer bir şekilde Revanduz siyasi subayı, Şemdinan sancağının boşaltılmasını istedi. Ancak Erzurum'da ulusal direnişin başlamasıyla birlikte İngilizler bu isteklerini yerine getiremediler.

"Bugün Süleymaniye aşiretlerinden Zaho ve Amediye İngilizlere karşı savaşmaktadır. Eğer İngilizler Kürtlere bağımsızlık ihsan etme niyetindelerse, adı geçen yerlerdeki olaylar nasıl yorumlanabilir?

"Ey ahali! Allah sizi bu yalan sözlere kanmaktan, sizi aldatılmaktan korusun. Türkler ve Kürtler birlikte İslamın temel direğidir. Onlar ayrıldıkları gün İslam zayıflayacaktır. Türkler, Kürtler olmadan tek başlarına yaşayabilirler, ancak Kürtler Arap, Fars ve Ermenilerin arasında asla Türkler olmadan tek başlarına var olamazlar. Amerika'da bulunan Ermeni Patriği bizi köleleştirecek. İngiliz hükümetine hizmet eden üç ya da dört haine rağmen birileri mutlaka gerçekleri hâlâ hatırlıyor olmalıdır. Ancak gerçek hatırlandığı zaman, hiç kimse ittifak politikasına karşı bir harekete teslimiyet göstermemelidir."

10 Eylül

Şafak sökerken, katırlara binmiş 100 askerin, yanlarında iki adet makineli tüfek olduğu halde bizi ve Valiyi tutuklamak üzere şehre doğru yaklaştıkları haberiyle uyandırıldık. Hemen kampı bozup yola çıkmak üzere toparlanmaya başladık. Saat yedide güneye doğru dağların yolunu tutmuştuk. Mutasarrıf, Reşvan aşireti reisi Haci Bedr Ağa ve birkaç Kürt yaklaşmakta olan birliklerle konuşmayı düşünen Vali ile birlikte kaldılar. Ayrıldığımıza dair haber Süvari Sınıfı Kumandanı Cemal Bey'e iletildi. Bizim kaçışımız ve destek birliklerinin yaklaşması (O. C. Cavalry) Cemal Bey'i, Bedirhanların tutuklanması için aldığı emri yerine getirmek yönünde cesaretlendirdi. Yola çıkışımızdan bir saat sonra bizi izleyenlerin yakınlarımızda olduklarının farkına vardık. Etrafımızın meyve bahçeleri ile çevrili olması ve bir koyağın içinde oluşumuz, bizi izleyen yaklaşık 40 kadar süvarinin avantajınaydı. Sadece 10 tüfeğimiz vardı ve umutsuz durumdaydık. Yapabileceğimiz tek şey blöf yapmaktı. Türk subayı bana kuşatıldığımızı haber vermek üzere iki asker gönderdi. Onlara, kendisinin yanıma gelip benimle görüşmesini istediğimi söyledim. İsteğimi uysalca yerine getirdi ve kendini 10 tüfeğin arasında buldu. Gösterişli bir şekilde revolverimin horozunu kaldırdım ve yanımda Bedirhanlardan birini tercüman olarak alarak ona doğru yürüdüm.

"Sizi tutuklamak istemiyorum" dedi ve "sadece yanınızdaki Kürtleri alıkoyacağım" diye ekledi.

"Bu aramızda bir çatışma yaşanacağı anlamına geliyor" diye cevap verdim.

Bir an için düşündü. Etrafının silahlı adamlarımızla çevrili olduğundan mı yoksa bir İngiliz subayına saldırma sorumluluğunu almak istemediğinden mi çekindi tam olarak bilemiyorum ama bize geçebileceğimizi aceleyle söyledi. Somurtarak tepede durup kervanımızın koyaktan çıkarak meyve bahçelerine doğru yol almasını izledi. Arkasında duran askerlerinden birini çağırıp:

"İngiliz subayına söyle, haysiyetimi koruyabilmem için, yanındaki Kürtleri önden göndersin ve ben onu tekrar yakaladığımda tutuklama emri aldığım Kürtlerin kaçmış olduklarını belirtsin."

Bu istekleri kabul ettim ancak kendisi bir daha görünmedi.

600 metrelik bir tırmanıştan sonra, saat 2'de Reşvan'da, Rafa köyünde konakladık. Vali, Mutasarrıf ve Hacı Bedirhan Ağa, güvenlik içinde akşam saatlerinde buraya ulaştı. Geri dönen Türk süvarilerle karşılaştıklarını, Valinin onlarla konuşmaya çalıştığını ancak başarılı olamadığını öğrendik.

11 Eylül

Buradaki durum biraz karmaşık. Vali, Sultan'dan güvendiği bir grup Kürtle (Kürtlerin yerine Türk milisleri ikame ederek vakit kaybetmemesi gerekiyordu) birlikte Sivas'a hareket ederek Mustafa Kemal'e karşı mücadele etmesini belirten bir nota aldı. Notada Valinin Sivas'ta Misak-ı Milli örgütlenmesini tasfiye etmesi gerektiği özellikle vurgulanıyordu. Kürtler kendi amaçlarının tamamen dışında, Malatya'dan sadece birkaç saat uzaklıkta bulunan Sivas'a gidip orada Türklerle savaşmak için hiçbir sebep görmüyorlardı. Ancak Vali, kontrolü kendi ellerine geçirdiklerinde Malatya'yı dahi işgal edebilecek olan Kürtleri kendi yanına çekmek istiyordu.

Vali, Kürtler üzerindeki etkimi onun istekleri doğrultusunda kullanmam için benden yardım istedi. Gerekli birlikleri toplamak için yardımıma ihtiyaç duyuyordu. İstanbul

Hükümetinin samimi olmadığını düşündüğüm için bu isteği reddettim.

12 Eylül

Sonunda Vali, Kürt aşiretlerinin Malatya için ciddi bir tehlike oluşturduğuna, bu sebeple toplanan aşiret güçlerinin mümkün olduğunca çabuk dağıtılmasına karar verdi. Bütün Kürt reisleri tetikteydi. Savaş, Kürt aşiret liderlerine sağlıklı bir bakış açısı kazandırmış, İttihat ve Terakki Cemiyeti'nin gücünü görebilmelerini sağlamıştı. Diğer taraftan, sıradan aşiret mensupları hayal kırıklığına uğramıştı. Kürtler arasındaki benzerliklerin eksikliği ya da ortak hedeflerin olmaması, onların yönetim karşısında gerçek anlamıyla ulusal bir birlikteliği engelleme eğiliminde olmuştur.

Öğleden sonra bir İttihat ve Terakki Cemiyeti heyeti, yakın köylerden birine anlaşma zemini aramak için geldi. Heyetin hedefi, Hacı Bedirhan'ın Pan-islamist duygularına hitap ederek onu Vali'den ayırmaktı. Heyetin önde gelenlerinden biri, Malatya'da katliamın örgütleyicisi olan Hacı Kaya idi. Hacı Kaya için Merkezi Hükümet tutuklama emri çıkartmıştı, sonuçta dağlarda barınan bir firari idi. Ancak Mustafa Kemal hareketinin ani yükselmesi ile birlikte, yeniden toplumun önemli üyelerinden biri haline geldi.

DCPO, komutan vekili Albay Bell, öğleden sonra Malatya'ya geldi ve bana, gidip kendisini görmemi isteyen bir mektup gönderdi.

13 Eylül

İttihat ve Terakki Cemiyeti örgütlenmesine hiç güven duymamama karşın, Albay Bell'e yazarak ona şehrin dışında, kimsenin kontrolünde olmayan bir yerde buluşmayı önerdim. Saat 3'te buluşma yerine gittim, ancak Albay orada değildi. Bana sadece haber bırakmıştı. Albay, kendisinin bazı sorunları olduğunu, benim yolculuğumun güvenliğini garantilediğini ve bir gece şehirde kalmamı istediğini belirten bir mektup bırakmıştı. Birkaç silahlı Kürtle birlikte yola koyuldum. Uzun ve kapsamlı bir tartışma sonunda benim yolculuğuma devam edebilmemin Mustafa Kemal Hükümetinin silahlı birliklerinden dolayı imkansızlaştığı, ve dolayısıyla yapılabilecek tek şeyin hemen Halep'e dönmek olduğu kararına vardık.

Şehirde büyük bir karmaşa yaşandı. Türkler tüfeklerin toplanması çağrısında bulundular, ancak bu sadece Türkler tarafından kabul gördü, Kürtler ise itiraz etti.

14 Eylül

Türk jandarmalarının refakatinde geri dönüş yolculuğumuz başladı. Kampa saat 4'te vardık. Kamp toplanmıştı. Karanlık basana kadar Kahta'ya doğru yol aldık.

15 ve 16 Eylül

Dağlık araziden geçtiğimiz iki günlük yolculuk sonunda Reşvan Kürtlerinin yaylalarına ulaştık, burası aynı zamanda dağların eteklerinde Mezopotamya ovalarının başladığı nokta (burada Arabistan olarak biliniyor).

Karşılaştığımız aşiretler özenle işlenmiş eski tip tüfeklerle donanmıştı, tüfeğin namlusu gümüş şeritlerle süslenmişti. Köylüler, ellerinde daha modern silahların olmamasını, savaş sonrası imzalanan anlaşmalar gereği ordu terhis edilirken izlediği yolun köylerinin uzağında kalmasına bağlıyorlar, zira askerler tüfek ve mermilerini sadece bir kaç mecidiyeye satıyorlardı.

Şu anda bir Türk tüfeği 8-10 lira, yüz mermilik bir mühimmat ise 5-10 mecidiye arasında değişmektedir. Rus tüfekleri ise daha ucuzdur.

17 Eylül

Kolik'ten Briman'a Beske Kürtleri olarak da bilinen Bayzik'e doğru yola çıktık. Bayzik birleşik bir kelimedir ve zik 'mide' bay '-siz, sız' anlamındadır, ve 'endamı güzel' anlamına gelmektedir.

Ayran (do) [dew, –*ed. n.*] içmek için küçük bir köyde mola verdik. Ak sakallı yaşlı bir Kürt yalnız başına bir ağaç gölgesinde oturmaktaydı.

Ona "Eninde sonunda Türk hükümeti Müslümandır ve onların birçok iyi yanı var. Yüreğinin derinliklerinde onlara karşı bir sevgi beslediğini itiraf et" dedim.

Büyük bir şaşkınlık ve öfkeyle "Türkler gibi gözlerinizi kör eden insanları nasıl sevebilirsiniz?" diye cevapladı.

"Türkler seni nasıl kör etti?"

"Karımı, oğlumu, toprağımı ve cemaatimi artık göremiyorum" cevabını verdi.

Çobanların verdiği bilgilere göre bir koyun 4 ay için ayda 400 gram tuza ihtiyaç duymaktadır. Her bir ailenin 50 koyunu olduğunu farz edersek, yıllık tuz tüketimleri 80 kilo olacaktır, bu miktar karşısında hükümete 10 £T vermeleri gerekir. Tuz üretimi devletin tekelindedir ve genellikle tuzun satış fiyatı üretim maliyeti üzerinden belirlenir. Şu andaki koyun vergisi 50 koyun üzerinden düşünüldüğünde yıllık 6 £ tutarına denk gelmektedir, dolayısıyla devletin tuz tekeli vergilendirmenin başka bir yöntemi olarak anlaşılmalıdır.

18 Eylül

Briman'dan ayrıldıktan bir saat sonra, Samsat'tan salla Fırat nehrini geçtik. Samsat'ta, katliamdan kurtulan birkaç Ermeni evi bulunmaktadır. Bu Ermeniler, onlara Kürt giysileri giydiren ve Kürt isimleri veren Bayzik reisi Hacı Şeyh Ağa sayesinde katliamdan kurtulmuşlardır. Bu gerçekler, katliam sırasında Hüsni Mansur köyünden kaçan, kendisine ve 7 kişilik ailesine yiyecek ve barınacak yer sağlayan Hacı Şeyh Ağa'nın evine sığınan Balo'nun oğlu Stifan tarafından teyit edildi. Nehri geçtikten sonra Sandug adlı bir Ermeni kadın ve oğlu Kayos bize katıldı. 1915 baharında Erzurum'dan sürgün edildiğini, Samsat yakınlarında oğlunu Şeyh Hamika'ya teslim ettiğini anlattı. Daha sonra Urfa'ya dönüp, Briman köyüne gelerek oğluna, hiçbir sorun çıkmadan güzel giyimli, şişman ve sağlıklı bir halde kavuştuğunu büyük bir memnuniyetle belirtti. Burada şahit olduğumuz vaka, yalnız bir Ermeni kadınının İngiliz hakimiyetinde olmayan bir Kürt bölgesine gelerek, yıllar önce bıraktığı oğlunu tekrar hiçbir sorun çıkmadan geri almasıdır. Çocuğa "Kürtler sana iyi davrandı mı?" sorusu sorulduğunda "Neden! Ben bir Kürdüm" diye cevapladı. "Onu benimle birlikte gelmeye zor ikna ettim" diye açıkladı annesi.

Şüphesiz Ermeni milliyetçileri, çocuğun bir köle olarak kullanıldığını, Kürtlerin onun sağladığı iş gücünden kar ettiklerini söyleyecektir. 1917-18'de bir ekmeğin maliyetinin iki şilin olduğu, binlerce Müslümanın açlıktan öldüğü hatırlanırsa bu iddianın yanlış olduğu ortaya çıkacaktır.

Kürtlerin Ermenilere karşı gösterdiği dostane tutuma dair verdiğimiz bu iki örnek istisna değil. Kürtlerle Ermenilerin beraber yaşadığı her yerde bunun gibi yüzlerce örneğe rastlamak mümkün. Ancak maalesef bunların hiçbirisi açıklığa kavuşmamıştır, çünkü Kürtler kendilerine ait yazılı dilleri ve rahatça düşüncelerini ifade etme olanağı olmadan 400 yıldır Osmanlı egemenliği altında yaşamaktadırlar. Bu bölgelerden bir Ermeni ya da Türk tercümanın eşliğinde geçen; nüfusun, İttihat ve Terakki Cemiyeti örgütlenmesinin halen güçlü olduğu şehirlerde yaşayan, sadece %10'luk bir kesimini gören ve İttihat ve Terakki Cemiyeti'nin önde gelen şahsiyetlerden biri ya da bir Amerikan misyoneri tarafından konuk edilen Avrupalı bir seyyah nasıl olur da Kürtler hakkında sağlıklı bir izlenime sahip olabilir ki?

Elbette bazı Kürtler, çok iyi bilindiği gibi Ermeni katliamına katılmıştır. Ancak bölgede hakim olan yöntimin, hem dünyevi hem de ruhani otoritesinin bulunduğunu ve bu otoritenin Ermenileri katletmeyi ve mallarını yağma etmenin sadece kanunen meşru kılmakla kalmayıp din açısından da caiz kılarak fetva çıkardığını düşünürsek, Kürtler gibi ilkel ve cahil bir toplumun birçok üyesinin Osmanlı'nın bu isteklerini yerine getirmeye hazır olması ne kadar anlaşılmazdır?

Örneğin, Avrupa'nın herhangi bir büyük kentinde polis geri çekilse kanunlar çiğnenmez mi? En son Liverpool örneği kamuoyunun hafızasında halen tazeliğini korumaktadır.

Kürtlerin şehirlerde yaşayan kesimlerinin katliam için suçlandıkları görülmektedir, bu kesimler Türklerle yakın ilişki içerisindedir ve sahip oldukları bütün kötü alışkanlıkları, özellikleri İstanbul efendilerinden almışlardır. Böyle insanlar Kürt milli hissiyatını kaybetmiştir. Onlar İttihat ve Terakki'den etkilenmiştir. Kürtlere ait nitelikleri kaybolmuştur. Bu tipte Kürtler, Türkler tarafından Avrupalı konuklar için yaratılmıştır.

Ermeniler ve Türkler aynı sebeplerle Kürtlere karşıdır. Yani, bir toplum olarak Kürtlerin kabulü, her ikisinin de egemenlik iddialarına büyük bir darbe olacaktır. Şimdiye kadar hem Türkler hem de Ermeniler arenadaki tek yarışmacının kendileri olduklarını düşündüler, zafer ümidiyle yaşadılar. Ermeniler Avrupa'nın desteğine, Türkler ise Müslümanların ezici çoğunluğuna bel bağladılar. Her iki taraf Kürtleri sadece önemsiz piyonlar olarak gördüler. Türkler, Kürtlere halifeye kaşı büyük saygı besleyen sadık Müslümanlar olarak yaklaştılar. Ermeniler ise kökenlerinin Hıristiyanlık olduğu, mevcut inanışlarının da Hıristiyanlığa çok yakın olduğu, Türklerin inançlarını zehirleyen etkisi bertaraf edildiği takdirde birlikte mutlu bir hayatı paylaşacakları iddialarıyla Kürtleri kendi yanlarına çekmeye çalıştılar. Şimdiye dek aşağılanan, hor görülen Kürt insanı, şimdi arenaya çıkıp kendisinin ülkedeki en kalabalık, en güçlü öge olduğunu ve kuvvetlerini haince ülkelerini işgale hazırlayan rakiplerinin hiçbir planına alet olmayacağını belirtecek. Ermeniler ve Türkler asıl katliamcının Kürtler olduğunu beraberce haykırıyorlar. Türklerin, Pierre Loti'den Ermeni katliamının, 'soylu' Türkler tarafından değil, 'barbar' Kürtler tarafından yapıldığına dair Paris'te bir kitapçık yayımlamasını istedikleri unutulmamalıdır.

Geceyi geçirmek üzere Tiliman köyünde durduk, burada kendisi bir Kürt olan köyün sahibi Bekir Efendi'nin evinde misafir olduk.

Bekir Efendi'nin köyü, tarım ürünleri üzerinden verdikleri vergilerin gülünç derecede düşük olması dolayısıyla zengin bir köydür. Saban başına ödedikleri vergi miktarı sadece 350 kuruştur. Bu durumda, bu bölgede tarım gelirlerini toplayan Türk tahsildarın bu miktar üzerinden zarar edeceğine ikna oldum.

Bekir Efendi, vergilerden kurtulmak için civar köylerin sahibi olan akrabaları ve arkadaşları ile birlikte hareket etmektedir.

Tarımı vergilendirme sistemini biraz daha araştırdığımda, bu sistemin belirli bir kesim için daha fazla kar kaynağı olduğu kanaatine vardım. Vergi sisteminden kar eden kesim, Osmanlı egemenliğinin devam etmesini şiddetle savunmaktadır.

Ancak vergiyi toplayanların merkezi yönetime fazladan ödeme yaptığı istisnai durumlar da olmuştur. Bu durumlardan birisiyle bugün karşılaştım; uzun zamandır birbirine düşman olan iki yerel seçkin bölgede vergileri toplamak için yarışıyordu. Açık artırmayla birbirlerine karşı tarlaların vergilerini kimin toplayacağını belirlemeye çalıştılar, merkezi yönetime verecekleri miktarı iki katına kadar çıkarttılar.

19 Eylül

Urfa'ya hareket ettik. (Kürtçede Ruha)

20 Eylül

İki gün önce buraya gelen ve aniden Halep'e gitmek üzere ayrılan Valiyi takip etmeye karar verdim. Bağdat Demiryolları'nda birkaç saatliğine Arap Pınar İstasyonu'nda durdum. Bir süredir burada görev yapan, İngiliz subayı Yüzbaşı Elphinstone'un, genelde Kürt olan yakın aşiretlerle dostça ilişkiler kurduğunu gördüm. Çoğu durumda buradaki Kürtlerin, Ermeni sürgünlerle dost olduğunu söyledi. İlk geldiğinde karşılaştığı bir durumu anlattı: Kürt aşiret liderlerinden biri sahip olduğu değirmene bir Ermeni ailesini işletmeci olarak aldı. Daha sonra aileyi bir Ermeni milliyetçisi ziyaret etti. Değirmencinin Kürtlerle olan ilişkilerine son vermesi için öne sürdüğü milliyetçi tezler yetersiz kaldı. Bunun üzerine değirmenciyi Halep'e gidip orada Amerikalıların yardımını kabul ederek daha fazla para kazanacağına ikna etmeyi başardı. Değirmenci ve ailesi kendilerini şimdi tekrar kabul etmeyen Kürtlerle paylaştıkları güzel meskenlerini terk ettikleri için çok pişmanlar.

21 Eylül

Halep'te.

DCPO Albay Bell'in karısı Bayan Bell, Atmi ve Sinemilli aşiretlerini ziyaret ettiği Elbistan'dan yeni döndü. Bayan Bell'i Ağustos'un 10'uyla 20'si arasında görebildim. Kendi hemcinsleriyle uzun ve derin sohbetlere katıldığı için onun izlenimlerini burada kaydetmek ilgi çekici olacaktı. Bayan Bell'in en çok dikkatini çeken şey, Kürtlerin Türklere karşı beslediği olumsuz duygular olmuş. Bu duygunun somut bir örneği olarak Bayan Bell şunları anlattı: "Karşılaştıkları Kürt kadınlarının, kendisinin ve ona eşlik eden Amerikan misyonerinin ve elbette Kürt erkeklerinin karşısında başlarını açıyorlar ama Türklerin bulunduğu ortamda aynı şeyi kesinlikle yapmıyorlar." Bunu tamamen Türklere karşı duydukları nefrete bağlıyorlar.

REŞVAN ÜZERİNE RAPOR

Malatya'nın güneyindeki dağlarda yaşayan Kürt aşireti

İstatistiksel Veriler

4000-4500 arası ailenin istatistiksel dağılımı aşağıdaki gibidir:

Kaza	Köy sayısı	Aile sayısı	
Kahta	94	2080	
Hüsnü Mansur	17	1417	(Bu sayıya 200-300 arası köyü bulunmayan göçebe aile de dahildir.)
Malatya	12	455	
Behni	...	180	(Kış için ilkel kulübeler yapan göçebe aileler)
Toplam: ...	123	4082	

Aşağıdaki tablo aşiretlerin ailelere göre dağılımını göstermektedir:

Aile	Başkanı	Yayla ve Kışlakları arasındaki mesafe	Aile sayısı	Köy sayısı	Yazın Konakladıkları yer
1. Karçer	Molla Muhammed ...	2s	300	6	Goi Tap
2. Korta	Ramazan Ağa ...	2s	100	3	Goi Tap
3. Alikan	Ust Beg Kari ...	1g	300	10	Paliş Murimar
4. Brinça	Avi Nasır ...	2s	50	1	Çiya Spi
5. Gella	Mahadan Ağa ...	2s	600	11	Çiya Spi Çiya Çopi
6. Ziraukan* ...	Haci Bedr ...	2g	700	42	Ovada Kalırlar
7. Kawi Doshilt	Müslim Ağa ...	...	100	8	Ovada Kalırlar
8. Yarlix Xıdr Sor. ...	Şeyh Kure	3s	300	6	Mairg İzar
9. Koçar Xidr Sor. ...	Karman Ağa ...	2g	400	3	Kani Asi, Gaduki Raş
10. Çelikan...	Xıyo ...	1s	300	1	Çiya Spi, Ardil Xarub
11. Bulam ...	Yusif Hurse Bako ...	1s	150	3	?
12. Alguran ...	?	1s	15	1	?
13. Mulkan ...	?	2g	100	2	Çiya Spi
14. Mamurek...	Mami Ağa ...	2g	60	1	Kurri
15. Gulluman	Hassi Mame Hassake ...	2g	40	1	Kaşangi
16. Mamesor	Muhammed Ağa/ Hassake ...	1s	100	3	Çiya Birçsor
17. Taşikan	Molla Abzer ...	2s	300	7	Kollik Çiya Spi Taxta Muşatter
18. Darı Yusif		1g			
19. Dalan ...	Yusif Ağa ...	2s	300	...	Çiya Raşan
20. Koşan ...	?	2s	100	...	Çiya Raşan
21. Çakalan	Molla Hasan ...	2s	100	...	?
	Toplam ...	...	4415	109.	

* Karaman'a 20 çadır.

Yukarıdakilerin % 10'u bütün yılı çadırlarda geçiren göçebelerdir, %65'i sadece yazları çadırlarda geçiren yarı göçebedir, % 25'i ise tamamıyla yerleşik bir hayat sürer. 8 ve 9 numaradakilerin tamamı, 11'dekilerin ise yarısı Şiidir, geriye kalanlar Sünnidir.

Savaşın Etkileri

Aşiret reislerinin kaynaklık ettiği bilgilere göre; ev sayısı savaş sonrasında % 35 civarında düşmüştür. Ancak Kürtlerde aile birimi kendi kendini idame ettirme kapasitesine sahiptir. Erkeğin olmadığı, sadece kadın ve çocukların bulunduğu bir aile nüfusun bir birimi olarak sayılmaz. Kabaca aşiret dahilindeki ailelerin % 15'i tamamıyla yok olmuştur, % 20'sinin ise fakirleştiği söylenebilir. Fakirleşen %20'lik kesim diğer ailelere dahil olmuş ya da onların içinde erimiştir ve geriye kalanlar ise sonuçta kendi kendilerine yetebilme konumlarını devam ettirmişlerdir. Toplam nüfus yaklaşık % 25 azalmıştır.

Bu düşüşü Kürtler, öncelikle asker kaçaklarının evlerinin yakılmasına ve ardından meydana gelen açlık ve salgın hastalıklara bağlıyorlar.

2500 binek hayvanı, 25 bin küçük baş hayvan, 60 deve, ve 1000 büyük baş hayvan üzerinden vergilendirilmelerinin talep edildiğini söylediler. Ellerinde Hükümetin 80.000 £T istediğini gösteren belgeler var.

Genel Özellikleri

Reşvanlılar sıcakkanlı, konuksever insanlar olarak bilinirler.

Din

Xidir Sor ve Bulam'ın yarısı dışında, bütün aşiret Ortodoks Sünnidir. Atmi aşiretinde olduğu gibi burada da küçük bir azınlık olarak Şiilere pek iyi gözle bakılmaz. Örneğin bir Sünni, kızını bir Şiiye vermez.

Giyim Kuşam

Geniş pantolon, (Şal) kırmızı işlemeli kısa yelek (takalla). Fes, keçe şapka (kullik) veya (hum) büyük bir kızıl türbanla birlikte takke (çit).

Dil

Kurmanci (bkz. Atmi Kürtleri üzerine notlar.)

Aşiretin önde gelenleri, yollara ve şehirlere yakın köylerde yaşayanların bir bölümü Türkçe bilmektedir. Fakat iç kesimlerde Türkçe çok az bilinir.

Tarih

3 ya da 4 yüz yıl önce Reşvan aşireti göçebeydi ve kışlarını Behesne'nin alt kesimlerinde geçirmekteydi, yazın ise Angora yakınlarına göç ederlerdi. Bir yaz aşiret Türklerin saldırısına uğradı ve bölündü. Bir kısım Angora'da *Deşt i Himan*'da kaldı (bu kısım, halen burada yaşamaktadır), geriye kalanlar güneye göç ettiler ve Besni ile Malatya arasındaki dağlarda kendilerine köyler kurdular.

Reşvan Kilis civarında kurulmuştur. İran sınırındaki Celali aşiretinin alt kolu olan Kotan, Reşvan'dan göç etmiştir.

Silahlı Güç ve Siyaset

Reşvan aşireti, kavgacı olarak nam salmıştır. 1 000 adet modern tüfekleri ve her tüfek için 200 fişek mermisi vardır. Bir saldırı sırasında silahlı adam sayısını 2000'e çıkartabilir, dışarıya 800-1000 asker gönderebilirler.

Savaş sırasında 2000 kişi askere alınmış bunlardan 1000'i firar ederken 900'ü henüz dönmemiş.

Cezai müeyyide olarak firarilerin evleri yakılmış, bunun sonucunda aşiret Türklere karşı büyük kızgınlık duymaktadır.

Liderlik

Hacı Bedirhan 45 yaşlarında uzun boylu iyi görünümlü bir şahsiyet. Açık görüşlü sevilen bir liderdir. Aşiret üzerindeki iktidarı sağlam dayanaklar üzerine kurulmuştur. Fakat gücünden dolayı yönetime karşı saygıyla yaklaşmakta, Türklere karşı oldukça dikkatli davranmaktadır. Türkler, savaş sırasında aşiretinden çok fazla firari olması dolayısıyla birkaç aylığına onu hapse attılar. Kardeşlerinden, Zeynel Bey pek fazla bir öneme sahip değildir, Haydar Bey ise Hacı Bedirhan'ın halefidir.

Ağırlık ve Ölçü Birimleri
1 Kırat = 6 Kilo
32 Kırat = 1 kil = 192 kilo
Vakya = 700 dram = 50 gram

Para birimi
Lira = 7 mecidiye
Mecidiye = 20 kuruş
Kağıt Lira = 35 kuruş
Kise (Purse) = 5 altın lira.

Fiyatlar
Buğday- Kratı 10 kuruş, yani bir ton 83 mecidiye
Arpa- Kratı 6 kuruş, bir ton 50 mecidiye
Bir yaşında koyun (kavir) 13-15 mecidiye.
İki yaşında koyun 15-17 mecidiye.
Bir yaşında keçi 9 mecidiye.
İki yaşında keçi 10 mecidiye.
Yağ (run)- Bir okkası 20 kuruş
Yün (hirri)- Bir okkası 12 kuruş.
Keçi kılı (mu)- Bir okkası 12 kuruş.
Başlık parası 500 £T altından az

Tarım
Yetiştirilen ürünler: Buğday, arpa, akdarı, tütün, pirinç, pamuk ve dağlık kesimlerde çavdar.
En verimli topraklar, Hüsni Mansur kazasındaki ovalarda bulunmaktadır; buradaki tarlalar 1'e 20, 1'e 30 verir. Bes-

ni'de 1'e 15-25, dağlık olan Kahta'da ise 1'e 7-10 ürün alınır.
Sabanları iki öküzlüktür. Engebeli arazilerde saban başına 400, düz arazilerde 800 kilo tohum ekilir.
Üzüm bağları da hayli fazladır.

Hayvancılık

Savaş sırasında sahip oldukları küçük baş hayvanlar yarıya düşmüştür. Hali vakti yerinde bir ailenin 100 baş hayvanı vardır.
Ovada sürünün yaklaşık %70'i koyunlardan oluşur. Dağlarda ise sürünün % 90'ını keçiler oluşturur. Bir koyunun sütünden bir yılda en fazla 3 okka (süzme) yağ elde edilebilir.

Doğal ürünler

Mazı ve geven genellikle fakir aileler tarafından toplanır ve Husni Mansur'da okkası 5 kuruştan satılır. Geven yakacak olarak kullanılır.

Ormanlar

Genelde dağlar kıraçtır ancak meşe (baru) ve ardıca (Markh) da rastlanır. Eskiden buralarda dağların ardıç kaplı olduğu söylenir.

Madenler

Kahta yakınlarındaki Kazir köyünde köylülerin, kömür çıkarıp yakacak olarak kullandıkları söylenir.
Kahta kazasına bağlı Sençık nahiyesinde Rudka köyü yakınlarında çıkan bir beyazımsı kaynak, kenarındaki kayalara beyaz kristal kırmızı tortu bırakır. Köylüler tarafından hazmı kolaylaştırması için kullanılır.
Yörede tuz bulunmaz.

Zenaat ve Ticaret

Yörede kadınlar halı, kilim dokurlar; keçi kılından çadır, yünden çorap yaparlar. Şehirden ham kumaş alıp kendilerine boyax olarak bilinen bir şuruptan kırmızı ve cevizden ve Zerguz ağacının kabuklarından siyah kumaş yaparlar. Yörede Kürtler ayakkabıcılık ve nalbantlık yapmaz. Savaştan önce bazı köylüler katırcılık yaparlardı (katırlarını kiralarlardı), şu anda bu işle uğraşan hiç kimse kalmamış.

Ekonomi

Dağlık bölgelerde yaşayanlar ağırlıklı olarak hayvancılıktan geçimlerini sağlarlar, az bir miktarda tahıl ekseler de bu kendi ihtiyaçlarını dahi karşılamaz. Ovalarda yaşayanlar için ise tarım temel geçim kaynağıdır.

Toprakların Tasarruf Hakkı

Dağlık kesimde köylüler 'Xoyi Çot' [xwediyê cot, *-ed. n.*] ya da 'Arzi'dir, yani saban ve tohum kendilerine aittir. Ovada ise köylüler genelde 'Nivikar' yani kendilerine saban ve tohum sağlayan tarla sahibinin ortağıdır.

Toprağın yarısı Tapu'nun yarısı miri arazidir.

Suyun kontrolü Tapu'dadır.

Otlaklar için hükümete vergi ödenmez.

Sağlık

İspanyol gribi birçok insanın hayatını kaybetmesine neden oldu. Şu anda salgın bir hastalık yok, ancak Behnin'in altındaki ovada yaşayanlar sıtmadan şikayetçiler. Genel fiziki standartları iyi olarak nitelendirilebilir.

Tarihi Eserler

Kahta'nın 5 kilometre güneyinde, halen iyi durumda olan, Romalılardan kalma bir köprü bulunmaktadır. Kahta'da Hititlerden kalma birçok heykel bulunmaktadır.

Avlanma

Çiyayê Spi'de ve Nemrut Dağında dağ keçisi (bizina kuvi) vardır. Reisler şahin ve av meraklısıdır. Yörede fazla keklik yoktur.

Reşvan Köyleri

Kahta kazasında

Markiz nahiyesi

Köyün adı	Savaş öncesi hane sayısı	Mevcut hane sayısı
Çat	15	10
Bahçe	15	10
Çıngıl	10	8
Tausu	18	12
Kokşir	30	25
Postin	10	5

Sıncık Nahiyesi

Köyün adı	Savaş öncesi hane sayısı	Mevcut hane sayısı
Sıncık		60
Kuşkunu		8
Meran		20
Lakin	40	30
Pamlı	30	20
Haçik	25	18
Umik	70	45
Sakız	25	15
Zevikeri		10
Birmişe		40
Xopan		8
Karaköse		8
Farikan		7
Şahin Benan		7
Şifrin		30
Rutkan		40
Şerefkan		60
Köseuşağı		8

Çardigan		35
Xıdıran		5
Receb		40
Bistikan		20
Şahverdi		8
Arnot		40
Çukan		10
Mestan		5
Narın		10
Kuran		5
Polkan		35
Kalık		35
Hasan Cabbar		35
Hüseyin Cabbar		40

Alut Nahiyesi

Kulik*	130	80
Kirraş	25	20
Alut	40	30
Tarpal	15	20
Taşxan	100	70
Hamzayın	35	18
Çıralık	30	8
Akça Mezra	18	10
Zeytun	25	15
Birçik	80	40
Kukelan	25	8
Susiyan	60	35
Birzin	70	35
Ariket	15	5
Hurrik	50	25
Şebaba	60	10
Tibil	15	3

* Saban sayısı 70'ten 20'ye, küçük baş hayvan 1000'den 250'ye düşmüş.

Senuk	10	4
Karaca Viran	30	10
Mamecan	10	2
Nahik	10	2
Pirot	30	15
Kaliyan	40	20
Haliliyan	8	4
Karaçur	40	10
Gihan	40	10
Güzelek	10	5
Çercihan	8	2
Hassan Dikin	20	5
Büyük Bal	60	30
Briman	10	5
Kipteru	5	5
Bervedul	40	20
Killisık	50	25
Askeran	10	5
Hupak	60	15
Barsumik	60	15
Şahnakand	10	3
Şulgerik	2	2
Balas	8	1
Şarafkan		harap olmuş
Karakaş		harap olmuş
Hürselek		1

Tokaris Nahiyesi

Menzil	25	15
Albey	13	7
Havayık		5
Karamara	20	15
Koçert	15	7
Akçehan	15	13
Ludik		3

Anjus	50	40
Gevir Raş	10	4
Hurris	40	30
Buban	35	15
Ghudiga	20	15

SİNEMİLLİ KÜRTLERİ ÜZERİNE NOT

Maraş'ın 80 kilometre doğusunda, Pazarcık kazasının kuzey yarısında yaşamaktadırlar.

Tarih

Sinemilli aşireti 600 yıl önce Harput'taki gümüş madenlerinin yakınlarında yaşamaktaydı. Orada yaşayan hamile bir kadın diri diri toprağa gömüldü. Kadın, mezarda (Kürtçede 'Sin') çocuğu doğurdu ve emzirmeye başladı. Sonunda bir yolcu, çocuğun ağlamasını duyup mezarı açmaları için köylüleri topladı. Kurtarılan çocuk büyüdü ve "Mezarın insanları" (Kürtçede Sinemilli) diye adlandırılan aşiretin kurucusu oldu.

Bugün Sinemilli'ye ait Kilikya'da Misis yakınlarındaki 4 tane köy mevcuttur. Kilikya'ya yaklaşık 30 yıl önce göç etmişler. Ayrıca Besni kazasında bir köy; Arapkir, Elbistan, Harput yakınlarında ve Gümüş Maden'de dağınık olarak aileler yaşamaktadır.

Nüfus
48 köyde toplam 1561 hane vardır.

Genel Özellikler ve Görenekler
Aşiretin hemen hemen % 20'si yerleşiktir ve pirinç ve diğer tahılların tarımıyla uğraşırlar. Geri kalan % 80'i ise yarı göçebedir. Yazın dağlarda bulunan köylerine göçerler, bütün yılı otlak arayarak geçirmezler. Fakat aşiretin bir bölümü yazın gittiği yaylalarda çadırlarda kalırlar. Aşiretin kayda değer nitelikleri arasında konukseverlik ve sıcakkanlılık yer alır. Kendi yörelerinden geçen Ermeni sürgünleri korumak için çaba sarfetmişler.

Din
Alevi yani Şii. Kızılbaş ismi kullanılmamaktadır. Aslına bakarsanız aşiret mensupları Kızılbaşın anlamını bilmiyor.

Dil
Hayli fazla sayıda Türkçe kelimenin karıştığı bir Kurmanci konuşulmaktadır. Aşiretin üst kesimleri ve alt tabakadan bir kısım Türkçe konuşmaktadır.

Giyim
Diğer yörelerden çok farklı bir giyim tarzları yok. Türban ile birlikte kırmızı fes (çit), şalvar ve aba... Giyimlerinde Arap etkisi fark edilmektedir.

Liderlik
Reisleri, daha çok takma adı Tapu (Şişman) ile bilinen Halil Ağa; dirayetli, dikkatli ve diplomatik yeteneği yüksek bir lider. Liderliği geniş ölçüde benimsenmiştir, insanlar adaletini ve keskin zekasını minnetle anmaktadır.

Silahlı Güç ve Siyaset
Aşiret barışa meyillidir. Silahların sayısı ve cephane miktarı çok fazla değildir. Kaba bir tahminle modern tüfekler-

le donanmış 50 atlı ve 300 yaya civarında askeri güce sahip oldukları söylenebilir.

Türklere duydukları antipatiyi saklamıyorlar. Kadınlarına Türklerin önünde başlarını açmaya izin vermezken, kadınlar Avrupalıların karşısına başı açık çıkabiliyorlar.

Diğer başlıklar için Atmi Kürtleri Üzerine Rapor kısmına bakınız.

ATMİ KÜRTLERİ ÜZERİNE RAPOR

Maraş ve Malatya arasındaki dağlık kesimlerde yaşamaktadırlar.

(Atmi kelimesi devlet tarafından Atmilli olarak Türkçeleştirilmiştir.)

İstatistiksel Veriler

Atmiler bugünkü yerlerine birkaç yüzyıl önce Harput yakınlarındaki Gümüş Maden'den göç ettiler. Atmilerin geçmişiyle ilgili herhangi bir bilgiye ya da geleneğe ulaşmak oldukça zordur.

Nüfus

Aşiret 2505 aileden oluşmaktadır, bunlardan 1505'i sürekli olarak çadırlarda yaşamaktadır. Aşiretin bulunduğu kazalar aşağıdaki gibidir.

Kaza	Köylerin Sayısı	Hane Sayısı	Not
Pazarcık	8	1040	Ailelerin 130'u yıl boyu ovada kalır.
Besni	7	680	Ailelerin 85'i yıl boyu ovada kalır.
Elbistan	11	665	Bu köyler dağlarda kurulmuştur
Akçadağ	2	180	ve yaylaları köyün yakınlarındadır
Toplam ...	21	2565	

Burada geçen köylerin tam listesi Ek I'de verilmiştir. Yazın göç ettikleri yaylalar Sırıklı ve Nurhak Dağında bulunmaktadır. Yayla ile kışlakları arasında 3 günlük mesafe vardır. Yaylaya Mayıs'ın ortalarında çıkarlar, Eylül'de geri dönerler.

Atmi aşiretinin, Harput, Gümüş Maden, Arapkir, Islahiye, Kilis ve Maraş'ta yaşayan başka kesimleri de vardır ancak bunlar aşiretin asıl gövdesinden bağımsızdır.

Aşiretin büyük savaş sırasında orduya verdiği 200 askerden ancak 30'u geri dönmüş. Salgın hastalıkların ve açlığın sebep olduğu kayıplarla nüfus %10 oranında gerilemiştir. Aile sayısı azalmamıştır.

Dil

Hem Kürtçe hem de Türkçe konuşulur. Konuşulan Kurmanci, Diyarbakır'da konuşulan oldukça benzerdir, %6-7'lik farklılığın dışında, kelimeler ortaktır.

Giyim

Yazın: Şalvar, Zabum (uzun gömlek), Saku, (Avrupa modelinde cekot).

Kışın: Şal-şepik (Kürt ulusal giysisi).

Başlık: Kırmızı fes ya da beyaz şapka (kullik), (şar).

Din

Aşiretin yarısı Şii (Alevi diye bilinmektedir) diğer yarısı

Sünnidir. Dini inanışlar bakımından Şiilerle Sünniler arasında hiçbir sorun çıkmamaktadır. Sünniler ve Şiiler aşiret içinde birbirlerinden kız alıp vermektedir. Gelinin ya da doğacak çocukları için hiçbir zorlayıcı şart öne sürülmemektedir.

Ne Şiilerin ne de Sünnilerin dindar oldukları söylenebilir. Din adamları da çok büyük öneme sahip değiller, mollalar, seyidler ve diğer kutsal kişiliklerin sayıları oldukça azdır.

Liderlik

Şu anki aşiret reisi Yakup Paşa, ondan önceki reisler sırasıyla Süleyman Ağa, Muhammed Ağa, Baz Ağa, Assaf Ağa ve İbrahim Ağa. Reislik babadan oğula geçer.

Yakup Paşa kardeşi Şeyh Muhammed Tapu Ağa'nın kızıyla evli.

Yakup Paşa 1.70 cm boylarında, kaygılı bakışlara ve sinsi bir görünüşü sahip biridir. Belki de bunun sebebi geçen yıl Türklerin Paşayı eşkıya çetelerine yardım ettiği suçlamasıyla dokuz aylığına hapsetmeleridir. Dışa dönük bir kişiliği var ancak biraz heyecanlı ve fevri birisi. İyi niteliklere sahip biri olarak elinden geldiği ölçüde faydalı işler yapmaya çalıştığı açıktır. Doğal olarak, bir anti-Türktür ve bir "Kürt milliyetçisi"dir.

Silahlı güç ve siyaset

Aşiret kavgacılığıyla nam salmıştır. Sahip oldukları tüfeklerin sayısını tahmin etmek oldukça güç ancak bizzat Yakup Paşa'nın heyetimizde bulunan Kürtlerden birine söylediğine göre tüfek sayısı 2 bindir.

Türk yapımı tüfeklerin her biri 8 £T değerindedir, bir fişek mermi ise 10 Mecidiyeye satılmaktadır.

Atlı asker kapasitesi 50 civarındadır.

Şu anda aşiret Malatya kazasında yaşayan Balyan Kürtleriyle kavgalıdır. Geçen yıl bir kız meselesi yüzünden kavga çıkmış, başka sorunların da eklenmesiyle kavga kışın da devam etmiş ancak düşmanlık uzun sürmemiştir ve dolayısıyla etkisini yitirmiştir. 1919 Ağustosu'nda yapılan anti-İngiliz ve pan-islamist propagandalardan etkilenmemişler ve bu tür propagandalardan etkilenecek gibi görünmüyorlar.

Ağırlık ve Ölçü Birimleri ve Fiyatlar

Kod (tahıllar için kullanılır) = 10 okka = 12.5 kilo
Ritl (yün vb için kullanılır) = 2 okka = 2.5 kilo
Arin = 270 santimetre
Ling = 30 santimetre
Bir kod buğday 28 kuruş, yani bir tonu 120 Mecidiyedir.
Bir kod arpa 20 kuruş, yani bir tonu 80 Mecidiyedir.
Bir ritl yün 25 kuruş, yani kilosu 15 Mecidiyedir.
Bir ritl keçi kılı 20 kuruş, kilosu 12 Mecidiyedir.
Bir ritl mazı 10 kuruş, kilosu 6 Mecidiyedir.
Bir yaşında koyun (kavir) 14-15 Mecidiye.
İki yaşında koyun (hugiç) 17 Mecidiye.

Para Birimi

Altın Lira: 7.5 Mecidiye.
Mecidiye: 25 Kuruş.
Kağıt Lira: 2 Mecidiye.
1 Temmuz'dan itibaren nikel sikke tedavülden kaldırılmıştır.

Tarım

İki öküz çekerli 580 saban bulunmaktadır, bu sayı savaştan önce 1380 idi.

Ovada verim 1'e 8, dağlık kesimlerde ise bire 12 civarındadır.

Hayvancılık

Savaş öncesinde varlıklı bir ailenin 200 başlık sürüsü, fakir bir ailenin ise ancak 25 baş hayvanı bulunurdu. Savaş sonrasında bu rakamlar yarı yarıya düşmüştür.

Sürüler genelde küçük baş hayvanlardan oluşmaktadır, dağlık kesimler otlanmaları için pek uygun değildir.

Burada yaşayan keçi türü *'Bizn a raş'* olarak adlandırılmaktadır. Bir keçiden yılda bir kilo kadar sade yağ elde edilir.

Mu olarak adlandırılan keçi kılı ritl (2.5 kilo) üzerinden satılır, savaştan önceki fiyatı 10 kuruştu, şimdiki fiyatı ise 20 kuruştur. Yünün (hirri) fiyatı ritl başına 25 kuruştur.

Doğal Ürünler

İki çeşit mazı bulunmaktadır, birinin ham hali yeşil, diğerinin ise mavidir. Olgunlaştığında ikisi de beyazlaşır.

Yeşil mazının fiyatı 10 kuruştur, verim yıldan yıla çok fazla değişir, iyi bir yılda 15 ritl toplayabilir. Gumi yaygındır fakat toplanmaz.

Zenaat ve Ticaret

Aşiret ne zenaatla ne de katırcılıkla uğraşır. Kadınlar halı, kilim ve heybe dokurlar ayrıca çorap örerler.

Ekonomi

Yarı göçebe olanlar (kışları Besni ve Pazarcık kazalarında geçirirler) kendilerine yetecek kadar tahıl üretememektedirler.

Hayatlarını sattıkları hayvan yün vb gibi mallardan elde ettikleri gelirle idame ettirirler.

Savaştan önce her üç aileye bir saban düşmekteydi.

Ancak dağlık kesimdeki köylerde aile başına düşen saban sayısı birden fazladır ve yetiştirdikleri tahıl miktarı kendi ihtiyaçlarından daha fazladır.

Toprakların Tasarruf Hakkı

Bütün toprağın ve suyun sahibi Ağadır. Çiftçilerin yarısının kendilerine ait sabanları bulunmaktadır, saban sahibi olmayanlar ise bir çeşit ortakçı, aslında Ağa için çalışan tarım işçisi gibi düşünülmelidir. Otlaklar için devlete 4000 kuruş vergi ödenmektedir.

Sağlık

Alçak kesimlerde sıtmaya rastlanır. Bu hastalık için kullanılan doğal bir ilaç yoktur, bilinen tek çözüm soğuk suya girmektir.

İspanyol gribinden 100 kişi hayatını kaybetmiştir. Halihazırda pek yaygın olmayan uyuzdan başka hastalığa rastlanmamaktadır.

KÜRT AŞİRETLERİNDEN BAYZİK ÜZERİNE NOT

Aşiret Beske olarak da bilinir, Hüsni Mansur kazasında, Samsat civarında yaşamaktadırlar.

Tarih

Tarihleri hakkında edinebileceğimiz çok az bilgi mevcuttur, fakat ta Botan'dan bu yana devam ettirdikleri bazı gelenekleri mevcuttur. Ancak bu durum muhtemelen sadece yönetici konumundaki aile için geçerlidir. Bayzik kelimesi *bay* ve *zik* kelimelerinden türemiştir; "iştahsız, tok" anlamına gelir ve aşiretin hiçbir zaman açlık çekmemiş olmasına ve sağlıklı bir fiziksel yapıda olmasına işaret eder.

İstatistiksel Veriler

Bayzik aşireti birkaç bölüme ayrılmıştır, bugünden bakıldığında her biri ayrı bir görünüm arz eder. Aşiretin bu notta değerlendirilen kısmı Şeyh Ağa ve Abzer Ağa liderliğinde Hüsni Mansur kazasında bulunan toplam 53 köyde yaşamaktadır ve savaş öncesi 1274 olan at sayısı şimdi

1052'ye düşmüştür.

Diğer bir kısım Halfetiye, Birecik, Siverek ve Urfa'da bulunmaktadır. Malatya'ya bağlı İzoli'de de birkaç Bayzik köyü bulunmaktadır.

Aşiret tamamıyla yerleşiktir. Birkaç çoban dışında kimsenin kıl çadır yoktur.

Din

Bayzik Sünni bir aşirettir. Büyük köylerde cami bulunmaktadır.

Genel Özellikler

Bizim gözlediğimiz kesim barışçı bir hayat sürmektedir. Erkekleri iri yarıdır. Kürt milliyetçi duyguları çok güçlü değildir.

Dil

Anadilleri Kurmanci olmakla birlikte aşiretin çoğu Türkçe de bilmektedir.

Giyim

Takke (Qum) beyaz türban (çit) ve kısa Arap abası (aba a raş a kin). Kırmızı deri ayakkabı (sol). Kahve rengi ya da siyah şalvar (şal).

Liderlik

Haci Şeyh Ağa Samsat'ta ikamet etmektedir. Dirayetli, kurnaz ve dikkatli bir kişidir. Çevre köylerdeki bütün tarlaların vergisini toplamaktadır. Ermeni sürgünü sırasında Ermeni ailelerini koruması altına almıştır.

Brimanlı Abzer Ağa, kuzenine benzemektedir. Ancak daha sessiz ve açıktır ki pek yetkin olmayan bir liderdir.

Aşiret liderlerinin belirttiğine göre; liderin aşiret üzerindeki etkisi kişisel prestijlerinden çok zenginliklerine bağlıdır.

300 modern tüfekleri var. 50 atlı asker toparlayabilecek konumdalar.

Aşiret orduya 500 asker vermiş, bunlardan 10-20'si dönmüştür.

Ağırlık ve Ölçü Birimleri

2 krat = 1 ölçek
16 ölçek = 1 kail
1 ölçek = 14 okka buğday, 11 okka arpa
ritl (samsor'un) = 7.5 okka
ling = 30 cm
arın = 69 cm

Para Birimi

Altın lira = 7.75 Mecidiye
Mecidiye = 20 kuruş
Kağıt lira = 37-38 kuruş
Nikel kuruş tedavülden kalktı.
Kısa = 5 altın lira

Fiyatlar

Bir krat buğday 15 kuruş, bir tonu 61-83 Mecidiye arası.
Bir krat arpa 6 kuruş, bir tonu 43 Mecidiye.
Bir yaşında koyun, 20-22 Mecidiye.
İki yaşında koyun 26 Mecidiye.
Bir yaşında keçi 11 Mecidiye.
Bir ritl yün 65 kuruş, yüz kilosu 17.5 Mecidiye.
Başlık parası 5 kisas ile 200 kisas arasında değişmektedir.
Türk yapımı tüfeklerin fiyatı 12 £T, kısa tüfeğin fiyatı 15 £T tutarındadır.
Sabanlar iki öküz çekerlidir.
Saban başına 8 kail, (1 ton) 3 arpa, 5 buğday oranında ekilir.
Yıllık verim ortalama 1'e 10'dur. Bu yıl 1'e 7-8 olmuştur.

Yazın sulu tarım için yeterli su bulunmamaktadır.

Hayvancılık

Sürüler % 70 koyun, % 30 oranında keçi ihtiva eder.

Koyunların hepsi Çav Raş türündendir.

Daha verimli olan yüksek köylerde, bir yılda 2.5 okka süzme yağ (run) vermektedir, daha alçakta olan köylerde bu miktar 1 okkadır.

Sürülerin sahipliği iki şekilde olmaktadır:

1. Sürünün yarısı çobana diğer yarısı otlak sahibine aittir. Doğan koyunlar yarı yarıya paylaşılır, süt ve diğer ürünler çobana aittir.

2. Çoban hiç bir şeye sahip değildir (muamilla). Doğan koyunlar ve elde edilen ürünler mal sahibiyle çoban arasında yarı yarıya pay edilir.

Bahar aylarında 4 ay boyunca her yüz koyun ayda 30 okka tuz gereksinimi duyar.

Doğal Ürünler

Savaş öncesinde meyan kökü toplanıp Fırat'ın aşağısına Jerablus'a satılırdı. Şu anda ticaret yapılmamaktadır.

Zenaat ve Ticaret

Yaklaşık 30 yıl önce aşiretin bir kısmı Dersim'den göç edip Şıvak adında bir alt kol oluşturmuştur. Savaş öncesinde katırcılık yapan aileler bulunurdu, ancak savaş sırasında katırlara ordu tarafından el konulmasıyla birlikte bu meslek silinip gitmiştir.

Kadınlar siyah keçi kılından çadır (tazıl) dokurlar, heybe (çuhal), çorap (gora) ve sicim (waris) yaparlar. Halı, kilim ve keçe yapılmamaktadır.

Toprağın Tasarruf Hakkı

Hemen hemen bütün topraklar Tapu'ya aittir.

Ortakçıların çoğu nivikar, yani tohum veya sabana ya da her ikisini birden kiralayan kişilerdir.

Kiralar hükümete vergi olarak ayrılan pay çıkarıldıktan sonra onda bir ya da sekizde bir olarak sabitlenmiştir.

Vergilendirme
Toprak geliri sekizde bir.
Gelir vergisi toprağın değerinin % 5'i.
Koyun vergisi hayvan başına 17.5 kuruş.
Biriman köyü 22 hane ve 53 sabanıyla yılda toplam 1450 kuruş vergi ödemektedir.

Sağlık
İspanyol gribi salgını birçok kayba neden olmuştur. Şu anda yaygın olan salgın hastalık yoktur. Kullandıkları doğal ilaçlar şunlardır:
Talik: Yerel bir ağacın kabuğu kaynatılarak unla karıştırılıp yakı haline getirilir. Baş, mide ağrısı ve sıtma için kullanılır.
Sumak: Yörede bolca yetişen yabani soğan ve yaban çileği karışımından yapılır, yaraları iyileştirmek için kullanılır. Bu tedaviden sonra yaralar için Beniştok adı verilen bir yakı kullanılır.

Avcılık
Avlanmada kullanılan Şahinin "Doğan" ve "İspir" diye bilinen cinsleri beslenir. Avlanma sırasında eğitilmiş şahinden kaçan av, küçük bir köpek olan "minik"in bulunduğu çalılık tuzağa sığınır ve yakalanır.
Balıklar "Derman a Masi" (balık ilacı, uyuşturucusu) olarak bilinen bir uyuşturucu madde kullanılarak yakalanır ve kasabada satılır. Bu madde, suyun akıntısına bırakılan bir akasya dalına konur.
Savaştan önce balıkçılıkla geçinen aileler vardı, yaklaşık 100 metrelik ağlarla avlanırlardı. Ancak şimdi hepsi kayboldu.
Fırat'ta dört tür balık bulunmaktadır.
Farka: Beyaza yakın gri renkte. Fırat'ta yaşayan en bü-

yük tür, ağırlığı 150 kiloya kadar çıkar.

Sora: Karnı kırmızı sırt kısmı siyahtır. En çok yenen balıktır, 10 kiloya kadar çıkar.

Karaca ya da *Halik*: Siyah, 2.5 kilo civarında. Farka'yla beraber bulunur.

Salur: 6-7 okka. Seyrek yakalanır.

2. ve 3. türler en çok yaygın olanlardır.

Çulluk (mirişkur) ve ördeğe yörede çok rastlanır.

Tarihi Eserler

Samsat'ta Girr i Tilleh ve Girr i Kalah adında içinde çok değerli hazineler olduğu rivayet edilen iki mağara vardır.

Antik bir kanalın kalıntıları Fırat'tan Samsat'ın 20 kilometre ilerisine kadar uzanır. Köylüler kanalın toplam uzunluğunun 33 kilometre olduğunu söylediler.

AKÇADAĞ'DA YAŞAYAN KÜRECİK KÜRTLERİ

Malatya'nın 40 kilometre güneybatısında.

Tarih

Rivayete göre aşiret reislerinden Asaf Ağa bir kaç yüzyıl önce Dersim'den buraya göçerek şimdiki aşireti kurmuştur. Kürecik Kürtleri diye anılan bir başka topluluk Elbistan'a 35 yıl önce gelmiş ve burada 11 köye 1 000 aile yerleşmiştir.

İstatistiksel Veriler

Toplam 38 köyde 2520 aile bulunmaktadır, aralarında 495 aileden oluşan 4 Türk köyü de bulunmaktadır.

Aşiret üyeleri yazın köylerini terkederek en fazla 2 saatlik mesafede olan yaylalara çıkarlar, buralarda çadırlarda yaşarlar.

Yaklaşık üçte ikisinin kendisine ait çadırı vardır, geriye kalan üçte birlik kesim çalıdan yaptıkları kulübelerde ('kolik') yazı geçirirler.

Köylerden birkaçı ovada, geriye kalanı Akçadağ dağında kurulmuştur.

Savaş sırasında aile sayısı 200 (% 10) kadar azaldı, genelde nüfus % 15-20 geriledi.

Dil

Bazı köylerde Türkçe Kurmanciye tercih edilmektedir, aslında anadillerini unutan, sadece Türkçe konuşan köyler de vardır. Dağdaki köylerde ise tam tersi bir durum vardır. (bkz. Atmi Kürtleri üzerine not.)

Din

Aşiretin çoğunluğu Alevidir. (bkz. Atmi ve Sinemilli aşireti üzerine not.)

Giyim

"Sinemilli Aşireti Üzerine Not" bölümüne bakınız.

Genel Özellikler

Konuksever ve cana yakın. Ovada yaşayanlar Türklerle olan ilişkilerinden dolayı biraz bozulmuştur. Dağda yaşayanlar bu özellikleri daha belirgin yansıtırlar.

Liderlik

İbo Ağa'nın oğlu Halil Ağa oğlu Ömer Ağa, gençliğinde çok iyi bir lider olan artık yaşlanmış bir reis. Kürtçeyi büyük ölçüde unutmuştur ancak ailenin diğer üyeleri halen Kürtçeyi iyi konuşmaktadır. Bir aşiret lideri olarak konumunu ve etkisini büyük ölçüde yitirmiştir (Siyaset paragrafına bakınız). Dağlık kesimdeki köylerin reisi Kalender Ağa artık yaşlanmış fakat oldukça canlı ve neşeli biri. Türklerden nefret ediyor.

Silahlı Güç ve Siyaset

Birkaç tane modern tüfek gördüm ancak sayıları en fazla 200-300 civarındadır.

Yaklaşık 100 atlı olmalı.

Kürecik aşireti yıllarca devletin şiddetli baskısına maruz kalmıştır, özellikle savaş yıllarında bir cezai müeyyide olarak asker kaçaklarına ait 1000 ev yakılmıştır, bu esnada hiçbir direnç gösterilmemiştir.

Türkler 11 köyü başka bir nahiyeye zorla göç ettirerek aşireti parçalamaya devam etmiştir.

Aşiret 20 yıl önce devlete başkaldırmıştır, devlet ise ceza olarak normalde %15 olan vergi miktarını %25'e çıkartmıştır.

Ağırlık ve Ölçü Birimleri

Koo tahıllarda ağırlık ölçüsü olarak kullanılır, 12 kilo buğdaya 10 kilo arpaya denk gelir.

Diğer ölçüler için Atmi raporuna bakınız.

Para birimi

Altın Lira = 7 Mecidiye
Kağıt Lira = 35 kuruş
Mecidiye = 20 kuruş
Nikel para tedavülden kalkmıştır.

Fiyatlar

Bir koo buğday 22 kuruş
Bur koo arpa 18 kuruş
Bir ritl yağ 19 kuruş
Kavir (bir yaşındaki koyun) 10 Mecidiye
Saban 10–8 £T (altın) tutarındadır.

Tarım

Sabanlar iki öküz çekerdir, saban başına 1000 kiloya kadar tohum ekilir, bu yıl tohumların sadece % 75'i –500 kilo ekilmiştir. Verim dağlık kesimde 1'e 10 ovada ise 1'e 8'dir. Saban sayısı %40 oranında azalmıştır, savaştan önce aile başına bir saban düşmekteydi.

Hayvancılık

Savaş öncesinde ortalama bir ailenin sürüsünde 50-60 civarında koyun bulunmaktaydı, şimdi bu sayı yarı yarıya düşmüştür.

Koyunların keçilere oranı 9'a 1'dir. Bir koyun yılda 1.75 kilo sade yağ vermektedir. Koyun türleri çan a raş ve bizn ı raş'tır.

Doğal Ürünler

Ne mazı ne de gumi toplanmaktadır.

Zenaat ve Ticaret

Aşiretten hiç kimse mevsimlik işçi olarak çalışmamaktadır. Savaş öncesinde aşiret sahip olduğu 2000 katırla Antep-Maraş arasında ticaret eşyası taşımaktaydı. Ordunun talep ettiği miktardan geriye sadece 100 katır kalmıştır.

Ekonomi

Kendilerine yetecek kadar tahıl üretememektedirler, bu açığı kapatmak için süt ürünlerini satarlar.

Toprağın Tasarruf Hakkı

Arga'daki tarlaları devlet tarafından el konulduğu için şikayetçiler, vergi olarak ödedikleri miktar toplanan hasadın 1/8'i yerine 1/4'üdür.

Sağlık

Yakın yörelerde etkili olmasına rağmen İspanyol gribi hastalığı buralarda görülmemiştir. Fakat, 1917-1918 yıllarında açlıktan hayli fazla kayıp vermişlerdir. Günümüzde herhangi bir salgın hastalık yoktur.

PAZARCIK KAZASININ NÜFUS DAĞILIMI ÜZERİNE NOT

Pazarcık Maraş Mutasarrıflığı'na bağlı yüzölçümü yaklaşık 2 500 km²'lik bir kazadır. Maraş'ın doğusunda yer alır. Ermeniler tarafından, Ermenistan sınırlarına dahil edilmektedir.

Türk Yönetiminin verilerine göre nüfusun istatistiksel dağılımı şöyledir.

Müslüman	23 868
Ermeni	37
Toplam	23 905

Kazanın kaymakamı bu verilere dayanarak şu sonuçları çıkartıyor:

Türk nüfusu	14 000
Kürt nüfusu	10 000

Çeşitli sınıflardan ve milletlerden yapılan dikkatli araştırmalar ve köylerde yapmış olduğum kişisel araştırmalarıma göre nüfus dağılımı şöyledir:

Aşiret ismi	Köy sayısı	Hane sayısı	Konuşulan dil
		Türkler	
		1635	
		Kürtler	
Sinemilli	48	1561	Kurmanci konuşurlar
Kuliçli	19	420	Türkçeyi Kürtçeden daha iyi konuşurlar
Buvan	7	375	Kurmanci konuşurlar
Doğanlı	4	115	Kurmanci konuşurlar
Abasan	1	30	Kurmanci konuşurlar
Atmi	8	1040	Kurmanci konuşurlar sadece 130 ailenin kendine ait evi vardır.
Toplam	87	3 541	
		Çerkezler	
	2	100	
Genel Toplam	111	5 276	

Her bir ailenin ortalama beş kişi olduğunu düşünürsek nüfusu 26 380 olarak hesaplarız. Savaşın % 15'lik bir nüfus düşmesine sebep olduğunu varsayarsak kazanın savaş öncesi nüfusu yaklaşık 31 bin olmalıdır. Bu rakam Türk istatistiklerinde geçen rakamdan %22 fazladır. Tecrübelerime ve Türk nüfus sayımı üzerinde yaptığım incelemelere dayanarak; Türklerin nüfusu % 40'a kadar aşağıda gösterdiği sonucuna ulaşırız. Bu hesap yanlışlığı nüfusun yaşadığı yerlere göre değişmektedir; en çok sapma dağlık kesimlerde, genellikle göçebe ve aşiretlerin yaşadığı yerlerde olmaktadır, şehirlerde ve şehirlere yakın büyük köylerde hata oranı minimuma düşmektedir. Pazarcık özelinde aşiretlerin önemli bir kısmı yıl boyunca çadırlarda yaşamaktadırlar, kışın dahi evlerde barınmamaktadırlar. Özellikle bu kesime ilişkin Türk nüfus sayımı kayıtlarında oldukça büyük sapmalar görülmektedir, % 22'lik bir eksiklik kaydedilmiştir.

Türk nüfusu ile Kürt nüfusu konusuna dönecek olursak.

Nüfus sayımı verilerine göre Kürtlerin toplam nüfusu 17 705 Türklerin ise 8175'tir. Fakat köken itibariyle Kürt olan fakat dillerini unutan, Türkleşen 22 köy Türk nüfusuna dahil edilmiştir.

Bu köylülerin önemli bir kısmı halen Kürt milletinden olduklarını iddia etmektedirler. Kürtler bu kesimin çoğunlukta olduğunu söylemektedir, fakat temkinli bir yaklaşımla ben bu oranın % 20 olduğunu iddia ediyorum.

Ermenilere gelince, toplam sayıları 35, tamamen doğruyu yansıtan bu rakam üzerinde durmayı gerektirecek kadar düşüktür. Öyle görünüyor ki bu Ermeniler Pazarcık'ta esnaflık yapan küçük bir gruptur.

Kazanın nüfusu şöyle sınıflandırılabilir:

	Köy sayısı	Nüfus Toplam	nüfusa oranı
Kürtler	87	17 705	%67
Türkler		6 540	%25
Türkleşmiş	22		
Kürtler		1 635	%6
Çerkezler	2	500	%2
Ermeniler	0	35	—
Toplam	111	26 415	

Önemli bir not olarak; Kürtlerin yaşadıkları köylerin bir arada bulunduklarını, kazanın güney kısmında bulunan Türk köyleriyle çok az karışmış olduklarını belirtmek gerekir. Kazanın ortalama nüfusun % 90'ının Kürt olduğu bir bölümünü belirgin bir şekilde ayırmak mümkündür.

KÜRT AŞİRETLERİNİN GELENEKLERİ

Aşiret: Barazi
Yerleşim Alanı: Suruç (Urfa sancağı)

Düğün

Müstakbel damat, gelin adayını seçmekte ve onunla flört etmekte serbesttir. Flört dönemi bittiğinde, evlenmeye karar verilmişse müteakip törenler başlar.

Damadın akrabalarından iki kadın, gelin adayının evine görücüye giderler. Genelde bir ya da iki gün süren ziyaretler sonunda, gelinin münasip olduğuna karar verirlerse, kızı babasından resmen isterler. Bu esnada baba, cevap vermez, ancak birkaç gün sonra kız tarafının akrabaları ve aşiretin ileri gelenleri evliliğin münasip olup olmadığını sormak üzere davet edilir. Eğer olumlu cevap çıkarsa kızın fikri sorulur. Öyle anlaşılıyor ki, genelde kızın itiraz etme şansı yoktur.

Damat evinden iki erkek, kendilerinin bu karara rıza gösterdiklerine dair sözlü bir mesaj almak üzere kız evine gönderilir. Kızın ailesi onlara başlık parasının (kalan)* ne kadar olduğunu bildirir. Bu değer genelde kese (5 altın lira) üzerindendir. Biçilen paha 1000 £T altından pek fazla olmaz. Damat miktarı tereddüt etmeden kabul etmek zorundadır. Herhangi bir pazarlık girişimi affedilmez bir hatadır.

Damat gelinin babasına Kalan'ı şaşaalı bir törenle gönderir. Erkek tarafı kalabalık bir grup halinde toplayabildikleri bütün silahlarla havaya ateş ederek, davul zurna eşliğinde kız evine gelir.

Gelinin ailesi bütün aşiretin doğal olarak davetli olduğu büyük bir ziyafet (dawat) verir. Ancak bu yemeğe aşiretin ileri gelenleri katılmaz. Bugünden sonra kız ve erkek tarafı birbirleriyle görüşmez. Damadın ailesi evlilikle ilgili bazı hazırlıkların yapılması için kız tarafına küçük bir miktar para verir.

Verilen davetten aşağı yukarı iki ay sonra 'rayi wa kirrin' [rêvekirin] (yol açma) adıyla bilinen başka bir tören yapılır. Bu törenin külfetini damadın akrabaları ve arkadaşları karşılar, damadın evinde geçen törenden sonra, tören alayı gelinin evine giderek ona altın, elbise vs hediye eder. Bu törenden sonra damat gelinin evini ziyarete gidebilir ama haremliğe girmeye hakkı yoktur.

'Rayi wa kirrin' töreninden birkaç ay sonra düğün yapılır. Erkek evinde uzatmalı bir ziyafet (dawat) verilir. Bu davetin süresi erkek tarafının zenginlik derecesine göre bir ila on gün arasında değişebilir. Bu süre boyunca kız evinde yas tutulur. Ziyafete damadın babası ya da erkek kardeşlerinden biri tarafından son verilir, kız müzikli halaylı düğüne katılması için evinden alıp getirilir.

İslami kurallara göre nikah gelin damat evine getirildikten sonra kıyılır.

Eğer erkek ikinci karısını alıyorsa ziyafet sırasında halaya, oyunlara ve eğlencelere katılmaz. Aynı kural ikinci kez

---

* Kalan [qelen; başlık parası]: İran'da bu uygulama "şîr baha" diye adlandırılır, "annenin süt hakkı" anlamındadır.

evlenen dullar için de geçerlidir.

Bir kadın dul kaldıktan sonra bir yıl yas tutar, bu süre sonunda dul kadın akrabaları ve komşuları tarafından ziyaret edilir, konuklar yas giysilerini çıkartarak beraberinde getirdikleri günlük kıyafetleri kadına giydirirler.

Ortodoks Müslümanlar tarafından yasaklanmış olması itibariyle yas giysilerine bürünme Kürtlerin ilginç bir geleneğidir.

Cenaze Töreni

Ölüm vakti geldiğinde hastanın akrabaları, komşuları ve arkadaşları yatağı başına toplanırlar. Böyle bir durumda kadınların da yer alması Türklerde benzer bir durumun görülmemesi açısından ilginçtir. Hastanın ölümünün ardından kadınlar ağıtlar yakarlar. Cenaze İslami geleneklere göre yıkanır.

Zengin bir adam tabutuyla birlikte üzerinde bir halı ve başının altında bir yastıkla gömülür.

Fakirler tabutla gömülmez, onlar geçici olarak bir tabuta konulur ve kefenleriyle gömülürler, zenginler tarafından satın alınan tabutlar cenaze olmadığı zamanlarda camide kalır.

Cenaze vefatından bir gün sonra gömülür. Bundan sonda üç gün yas tutulur. Benzer yaşlarda bir kişi merhumun en iyi elbiselerini giyer ve silahlarını kuşanır. Bu kişi ölenin hayatındaki temel olayları yeniden canlandırır.

BEDİRHAN AİLESİ

Aile Muhammed'in ünlü komutanlarından biri olan Halid Bin Velid'in soyundan gelir. Bu sebeple Halidi ailesi olarak anıldığı da olur. Hicretten iki yıl sonra Halidi torunlarından -Ömer el Bar Kamidi'nin oğlu- Abdulaziz, Arabistan'ı terk ederek Kürdistan'a göç etti, burada babasının adını verdiği Cezire İbn Ömer şehrini kurdu. Kurmuş olduğu prenslik, ölümünden sonra Azizie [Ezîzî] diye adlandırıldı ve 1847'ye kadar ayakta kaldı. Azízie yönetimi Sultan Selim'in bölgeyi hakimiyeti altına almasına kadar (1566) tamamen bağımsız bir devlet olarak kaldı. Osmanlı egemenliği zamanın Azizie yöneticisi Şah Ali Bey'i Emir olarak atadı. Şah Ali Bey iç işlerinde bağımsız olmak kaydıyla Türk süzerenliğini ve Türklere yıllık belli bir miktar vergi vermeyi kabul etti. Bu anlaşma ile ilgili tutanaklar İstanbul'da Hükümet arşivlerinde bulunmaktadır. Cezire Emirliği tarihinde birçok kez Türklere karşı başkaldırdı, fakat diğer zamanlarda Türklere onlarla birlikte savaşa katılması için asker verdi. Kanuni Sultan Süleyman devrinde Kürt

Emirliğinin orduya verdiği askerler Viyana önlerine kadar gittiler.

1839 yılında Emir Bedirhan'a paşalık ünvanı verildi, Türkler için İbrahim Paşa karşısında tam bir bozgun olan Nizip savaşına katıldı. Emir askerleri önce Diyarbakır'a oradan da Cezire'ye çekti, böylece Türkleri gerisinde bırakma avantajını yakaladı. Sınırlarını Hakkari'yi kapsayacak şekilde genişletti, burada halk ona riayet etmeye zaten hazırdı.

Gelişen olaylar Bedirhan egemenliğinin Kürdistan'ın diğer bölgelerine yayılmasından korkan Porte'yi harekete geçirdi. Osmanlı Devleti bir orduyla Kürt emirliğinin üzerine gitmesi için Ömer Paşa'yı Anadolu Mareşali olarak atadı.

Türk ordusu Diyarbakır'da toplanıp Kürtlerin üzerine yürüdü. Meydana gelen çatışmada iki taraf birbirine net bir üstünlük sağlayamadı, ancak Emir Bedirhan, Evrak'taki kaleye çekilmek zorunda bırakıldı. Birkaç aylık bir direnişten sonra kale düştü. 1847 yılında Bedirhan yakalanarak İstanbul'a gönderildi burada altı ay tutuklu kaldıktan sonra Girit adasına sürgüne gönderildi.

İki yüz askeri ile birlikte gitmesine izin verildi, burada 1856 Yunan ayaklanmasının bastırılmasında önemli bir rol oynadı. Bu olaydan sonra İstanbul'a çağrılarak burada yaşamasına izin verildi.

1866 yılında Şam'a yerleşti ve 1870 yılında 65 yaşında ölene kadar burada yaşadı. Öldüğünde Şam'a bir saatlik mesafede olan bir Kürt köyünde, Salihiye'de defnedildi. Mezarı en ünlü Kürt Lideri Selahaddin'nin mezarına yakındır.

Bedirhan Bey arkasında 90 tane oğul bıraktı. Bedirhan Beyin devasa ailesi, sonraki yıllarda hep Osmanlı'ya karşı isyanla özdeşleştirildi. Türk gizli servisinde Bedirhanlar için özel bir birim vardır. Bedirhan ailesinin etkili olabilecek, yetenekli bütün üyeleri sürgünlere, hapisliklere maruz kaldı.

1880 yılında Osman Paşa Cezire'yi zaptetti ve altı ay

elinde tuttu. Kısmi tanınma önerisi onu teslim olmanın en iyi şey olduğuna ikna etti ve daha sonra birçok Bedirhanî ile birlikte hapsedildi.

1910'da Hüseyin Paşa ve Hasan Bey Kürdistan vekilliğine aday oldular ve seçildiler. Dağa kaçtıklarında İttihat ve Terakki bu iki vekili tutuklamayı tezgahladı, dağda çok riskli bir altı ay geçirdiler. Hüseyin Paşa yakalanarak gizlice öldürüldü. Dağa kaçtıklarında yanlarında bulunan Bedirhanlardan Süleyman Bey üç yıl kaçak kaldı. En sonunda Dergul'da ailenin azılı düşmanlarından biri olan Şırnaklı Abdurrahman Ağa'nın ihanet etmesiyle yakalandı.

Daha sonraki yıllarda Bedirhanlardan Kamil Bey ve Abdulrezak Bey bu hareketin önde gelen isimleriydi. 1917'de Rusya tarafından Bitlis ve Erzurum valisi olarak atandılar. 1918'de Abdulrezak Bey Türkler tarafından yakalanarak Musul'da zehirlendi. Kamil Bey'in ise Tiflis'te olduğuna dair rivayetler vardır.

Türk Hükümeti Bedirhan ailesini kişisel mülklerinin ve mallarının kaybını telafi için aylık 200 £T tutarında aylığa bağlamıştır.

Aşağıda Bedirhan ailesinden önemli kişilerin özet bir listesi yer almaktadır.

Bedirhan Bey'in halen hayatta olan oğulları

Emin Ali Bedirhan: Ailenin temsilcisi ve göze çarpan üyesidir. Uzun boylu, beyaz sakallı ve iyi görünümlü yaşlı bir adam. Özellikle Botanlı Kürtler, genelde de tüm Kürtler üzerinde büyük etkisi olan güçlü bir kişiliğe sahip. 1919 baharında Türkler Emin Ali Bedirhan Bey'i Diyarbakır valisi olarak atamayı tasarlıyorlardı, ancak onun Kürtlerin bağımsızlığı rüyasının hiçbir zaman bitmeyeceği düşünülerek tasarı hayata geçirilmedi.

Sürgünde bulunduğu İstanbul'dan iki kez kaçma girişiminde bulundu, fakat birinde Trabzon'da diğerinde Beyazıt'ta biraz direniş gösterdikten sonra yakalandı.

Tahir Bey: Konya'da yaşayan iyi bir avukattır. Oldukça

nazik ve seviyeli biri, ancak insanları yönlendirebilecek bir güce sahip olduğu söylenemez.

Mehmet Ali Bey: (Pek önemli bir şahıs değil.) Albay olarak emekli oldu, İstanbul'da yaşıyor. Bir zamanlar Beyrut'ta jandarma komutanıydı.

Hasan Bey: İstanbul belediye meclisi üyesi. 1910'da Kürdistan temsilcisi (vekili) olarak seçildi, İttihat ve Terakki tutuklanmasını tezgahladı. Dağlarda riskli bir altı aydan sonra yakalandı ve kötü muamelelere maruz kaldığı hapse atıldı. Maruz kaldığı kötü muameleler sonucu sağır olduğu ve kendini idare edemez hale geldiği söylenir.

Murat Bey: (Pek önemli bir şahıs değil.) İstanbul belediye meclisi üyesi.

Halil Bey: Duyarlı, sorumluluk sahibi, çok ince, kibar yaşlı bir beyefendi. Kürt aşiretleriyle mutlu bir ilişkisi vardır. Onun eksik yanları, pratik ve sahih davranamaması ve kararsız kalmasıdır. (bkz. Eylül 1919 günlüğü)

Abdurrahman Bey: İsviçre'de 15 yıl yaşadı ve burada İsveçli bir kızla evlendi. İlerici, çağdaş düşüncelere sahip güvenilir bir insan olarak tanınır. Türk–Yunan çatışmaları sırasında Aydın Mutasarrıfı'ydı ve görevi sırasında halka çok iyi davrandığı söylenir.

Zubeyir Bey: Şam'da toprak sahibi. Önemli bir şahıs değil. Kambur olduğu söylenir.

Kamil Bey: Erken bir tarihte Rusya'ya sadakat göstermeye karar verdi ve 1917'de Erzurum Valisi olarak atandı. Rus ordusunda subaylık yaptığı ve şimdi de Tiflis'te olduğu rivayet edilir.

Emin Ali Bedirhan Bey'in oğulları

Süreyya Bey: Mısır'da gazetecilik yapmaktadır.

Hikmet: Konya vilayetinde müdürlük yapmaktadır.

Celadet Ali: (25) İstanbul'da çıkan Serbesti gazetesinin yardımcı editörlüğünü yapmaktadır, gazetenin İngiliz taraftarı olduğu sürekli telaffuz edilmektedir. Elbette uzun süredir İstanbul'da yaşamanın ve çalışmanın kaçınılmaz etkilerini üzerinde barındırıyor, fakat halen sağlam bir duruşa sahip.

Kamıran Ali: (24) İstanbul'da avukat. Kurmanci bilmiyor. Duyarlı sessiz bir kişi, şimdiye kadar önplana çıkmadı.

Tevfik: Münih'te orman mühendisliği okumaktadır.

Sefdar: Babasıyla birlikte İstanbul'da.

Tahir Bey'in oğulları

Ferit Bey: İsmidt yayınlarında yöneticilik yapıyor.

Halil Bey'in oğulları

Faiz Bey: Eski Kaymakam.

Asaf Bey: İstanbul devlet lisesinde Fransızca profesörü.

Bedirhan ailesinin diğer kollarının önemli üyeleri

Hüseyin Hüsnü Paşa: İstanbul Belediye meclisi üyesi. Çeşitli sancaklarda mutasarrıflık görevinde bulundu.

Hüseyin Avni: Uzun boylu, gözlüklü. Kuralların dışına çıkmayan, güçlü bir karaktere sahip olmayan bir insan izlenimi bırakmaktadır.

Abdülkadir: Hüseyin Avni'nin ağabeyi. Kara kuvvetlerinde binbaşı.

Albay Bedirhan Bey: 1918'de Musul'da Türkler tarafından zehirlenen Abdülrezak Bey'in kardeşi. Türklere sadakat ile bağlıdır, Kürt hareketini desteklememektedir.

TÜRK SAYIM VERİLERİ ÜZERİNE RAPOR

Ermeniler, Türk nüfus kayıtlarının toplam Müslüman nüfusu abarttığını ve Hıristiyan nüfusu özellikle de Ermenileri olduğundan daha az gösterdiğini ileri sürerler.

Eğer Türkler nüfus verilerini kasten yanlış kaydetmeyi amaçlamışlarsa iki yöntem kullanmış olabilirler:

1. Orijinal kayıtları değiştirerek.
2. Orijinal kayıtların yanlış bir baskısını yayımlayarak.

Hedefim, hatasız olup olmadıklarını ve gerçek olguları ne derece kesin bir şekilde yansıttıklarını karar vermeye çalışarak Türk sayım kayıtlarını incelemek.

Orijinal kayıtları gözönünde bulundurmak kaydıyla,-yöntem olarak, muhtardan köyün nüfus dağılımı hakkında özet bir bilgi alıyorum. Ardından muhtarın söylediklerini ve kayıtları karşılıklı inceliyorum.

Bunları anlatmadan önce Türk nüfus kayıt sistemini ve sayımları gerçekleştirme yöntemlerini tanımlamayla başlayalım. Genel sayım 1905 yılında yapıldı. Her kazada yerel seçkinlerden ve subaylardan oluşan bir komite kuruldu, bu komiteler tek tek her köyü sırasıyla ziyaret ederek isimleri ve dağılımı aile bazında yazdılar. Kaydedilen bilgiler; cinsiyeti, yaşı ve aile içindeki konumunu göstermektedir. Her kazada özel bir sayım birimince nüfus kayıtları günümüze kadar korunacak şekilde düzenlendi. Muhtarlara köyün ölümleri, doğumları, evlilikleri ve yapılan yeni evleri bildirmesi emredildi.

Malatya kazasının üç köyünde yapılan araştırmaların sonuçları bu raporun ekinde gösterilmiştir.

Orijinal sayım kayıtlarının doğru olduğunu saptadım. Fakat tahmin edileceği üzere devamında alınan kayıtlar eksik, bu eksikliğin sebeplerinden biri Türk sayım görevlilerinin doğal hatalarıysa diğeri de Kürtlerin ve bir ölçüye kadar Türklerin erkek çocuklarının askere gitmesini önlemek için bunları kaydettirmemiş olmasıdır.

Öte yandan şunu da dikkate almak gerekir ki sayım yapılan köyler, merkezinde bir kasabanın bulunduğu bir kazaya bağlıydı ve dolayısıyla Hükümetin sıkı kontrolü altındaydı. Bana, aşiret mensuplarının yaşadığı dağlık kesimlere ilişkin yapılan eksik tahminlerin % 40'lara vardığı söylenmişti. Yaptığım incelemeler bu iddiayı doğruladı. İskanı yapılmış ve belli bir düzen kurulmuş alanlarda veya ovalarda bulunan yerleşik köylere ilişkin Türk sayım kayıtları genellikle % 5'lik bir sapmayla doğru. Ermeni köylerinin de bulunduğu ve dolayısıyla, Ermeni nüfusunun Müslüman nüfusun kaydedildiğiyle aynı kesinlik ve doğrulukta kaydedildiğine ilişkin güçlü bir önvarsayımın sözkonusu olduğu yerler de buralardı.

Sayım kayıtlarının doğru olduğu varsayımını güçlendiren başka bir olgu da, Hıristiyan nüfusundan askerlikten muafiyet vergisi alınması dolayısıyla, bu nüfusu mümkün olduğunca doğru bir şekilde kaydetme yönünde güçlü bir çabanın olmasıdır.

Maalesef Müslüman köylerde yaptığımın benzeri çalışmayı, Ermeni köylerindeki nüfus üzerine yapamadan İttihat ve Terakki beni Malatya'dan ayrılmaya zorladı.

Ancak birkaç Ermeni köyünde yaptığım çalışma sonucunda, burada izlenen yöntemin Müslüman nüfusun yaşadığı yerlerle aynı olduğunu gördüm. Kayıtların organize bir girişimle bozulmuş olmasının mümkün olmadığı rahatlıkla söylenebilir.

Türklerin, sayımlardan sonra orijinal kayıtlar üzerinde çeşitli çarpıtmalar yaparak yayımlamış olabilecekleri ihtimali, benim için bir soru olma niteliğini sürdürüyor.

Türk yönetiminin İstanbul'da bastığı ve Barış Konferansı'nda açıkladığı sayım sonuçlarını, kendi çalışmalarımla karşılaştırdığımda bu ikisinin aynı olduğunu gördüm.

Doğru yöntem izlendiği takdirde, Türkiye'de yaşayan nüfusun sayısını bulabilmek çok zor bir iş değildir.

Türk yönetim birimlerinin; kazaların ve nahiyelerin sınırları herkes tarafından çok iyi bilinir. Bu, atlama veya iki kez kaydetmeyi önleyerek sorunu ortadan kaldırır. Kazalardaki köylerin sayısı, yerel seçkinlere ve aşiret liderlerine başvurularak elde edilebilir. Yerel seçkinlerin kaynaklık ettiği veriler muhtemelen kayıtlarda geçen verilerden biraz daha fazla olacaktır. Bu farklılığın kaynağı ise, idari kaynaklarda birkaç küçük köyün ya da mezranın bir köy olarak geçmesidir. Bazı durumlarda ise, yerel seçkinler gücü yeterse, vergilerden kaçabilmek için bazı köy isimleri gizler. Ancak kayıtlardaki köy sayılarının % 90'ı, % 10'dan az bir sapmayla yer almaktadır.

Köylerin doğru sayısına ulaştıktan sonra, toplam nüfusu hesaplayabilmek için iki etken daha mevcuttur:

1. Köy başına düşen ortalama hane sayısı.
2. Her hanenin ortalama üye sayısı.

Doğudaki tecrübelere dayanarak, hane başına ortalama beş kişinin düştüğü söylenebilir.

Köy başına düşen ortalama hane sayısı, çeşitli büyüklükteki köylere göre değişmektedir. Genel olarak aldığımızda bu sayı, 25-80 arasındadır, fakat vilayetlerin veya sancakların yakınlarında bulunan köylerde, bu aralık daha düşüktür; 55-75 arası. (Çeşitli büyüklükteki köylerin ortalama ev sayısı Ek II'de verilmiştir.) Yeterince geniş bir alanda yapılacak bir alan çalışmasıyla belirli bir vilayetin ortalama nüfusu belirlenebilir. Türkiye'nin doğusu üzerine askeri raporlarda (Millitary Report on Eastern Turkey in Asia) nüfus hakkında oldukçak fazla veri sunulmuştur.

Bu temelde, herhangi bir vilayetin toplam nüfusu % 10'u aşmayan bir sapmayla tahmini olarak hesaplanabilir.

EK I

Malatya Kazasına Bağlı Kürt Köyü Bulgare

Muhtar köyde 65 hane olduğunu söyledi, halbuki kayıtlarda 68 görünüyor. Bu farklılığın iki sebebi olabilir: 1. Muhtarın hesaplamasındaki doğal hata payı ya da 2. Savaş sebebiyle birkaç evin yok olması.

Muhamedi Kizir ailesi: Kayıtların 8 tanesi doğru; 13 yıl önce aile reisinin ölümü kayıtlara geçmemiş. Aileye evlilik yoluyla üç kadın eklenmiş fakat bildirilmemiş.

Aşme: Savaş sırasında başka bir köyden asker firarisi olması nedeniyle buraya kaçan aile hepten kayıtlara geçmemiş.

Muhu Ailesi: Nüfus kayıtları doğru. Savaş sırasındaki 2 ölüm ve 3 doğum kayıtlara girmemiş.

Cafer Ailesi: Kayıtlardaki 12 girdi doğru. 2 ölüm, 3 doğum ve askere çağrılan 3 kişi kayıtlara girilmemiş.

Halo: Defterdeki 6 girdi doğru. Şimdi 6 yaşında olan bir çocuğun doğumu ve 1914'teki bir evlilik ve askere çağrılan bir kişi kayıtlara geçmemiş.

Muhammed oğlu Resul: Kayıtlardaki 4 girdi doğru. Bir evlilik ve askere alınan bir kişi kaydedilmemiş.

Kendirli: Orijinal kayıtlardaki 9 girdi doğru. 10 yaşında bir erkek çocuğu ve 6 ölümden 3'ü kayıtlarda görünmüyor.

Cafer: 6 girdi hatasız. 3 ölümden 2'si bildirilmemiş.

Ali oğlu Hacı: Orijinal girdilerden 5'i doğru. 3 ölümden 2'isi bildirilmemiş.

Vahap oğlu İbi Hıdır: Girdilerden 8'i doğru. 4 ölümden 1'i bildirilmemiş.

Kayşol, Malatya'ya bağlı Kürt köyü

Muhtar köyde 20 hane olduğunu söyledi oysa kayıtlarda 25 olarak görünüyor.

5 hanenin eksikliği şöyle açıklandı: 1'i yıkıldı, 2 tanesinde çok yaşlı insanlar yaşadığı için sayılmadı, 2 tanesi unutuldu, fakat muhtarın düzeltmeleri karşılaştırmayla kuruldu:

Birinci aile: 5 orijinal girdi doğru; 10 yaşındaki 1 çocuk kayıtlara girilmemiş.

İkinci aile: 7 girdi doğru; 2 doğum kayıtlara girilmemiş.

Üçüncü aile: 7 girdi doğru; 2 doğum kayıtlara girilmemiş.

Dördüncü aile: 12 girdi doğru; 4 doğum ve 1 evlilik kayıtlara girilmemiş. 5 ölümden sadece 1'i kaydedilmiş.

Yukarı Banazı, 320 hanelik Türk köyü

Muhtar köyde yaklaşık 300 hane olduğunu söyledi. Kayıtlarda 320 görünüyor. Muhtar bu farklılığı savaş sırasında bazı evlerin eksilmesiyle açıkladı, ancak hanelerin tam sayısını tahmin etmesinin mümkün olmadığını belirtti. Belki de sayımlarda ayrı yazılan ailelerin bazılarını muhtar birleşik olarak hesaplamıştır.

Maşi Oğlu Osman: Orijinal girdilerden 12'si doğru. 2 doğum eklenmemiş.

Hacı Hüseyin Oğlu Kavas: Orijinal girdiler ve sonraki değişiklikler doğru.

Atçolu Veli: Bir ölüm bildirilmemiş.

Dayı Mançu Oğlu Hacı Hüseyin: Bütün girdiler doğru.

Bujik Oğlu Ahmet: Bildirilmeyen 1 evlilik dışında bütün girdiler doğru.

Ak Veli Oğlu Veli: Orijinal kayıtlar doğru. 7 ölümden 3'ü ve 1 doğum kayıtlara geçmemiş.

Türk köyüyle 2 Kürt köyü arasındaki ilişki dikkate değer, Türk köyünde sayımlar sonrasındaki değişikliklerde hata payı oldukça düşük. Bunun sebebi, elbette, Türklerin Kürtlere nazaran daha itaatkar olması ve kurallara daha çok uymasıdır.

II. EK

Aşağıdaki liste; Elazığ, Diyarbakır, Van ve Bitlis vilayetlerinde bulunan çeşitli büyüklükteki köylerin ortalama hane sayısını göstermektedir.

	Hane sayısı	Köy sayısı	Köy başına ortalama Hane sayısı
Kürecik, Kürt aşireti yarısı yerleşik, Malatya'nın 32 km güneybatısında.	2520	38	70
Hawaydi, Besni kazasında yerleşik Kürt aşireti, Antep'in kuzeyinde.	1940	30	68
Pazarcık kazasında yerleşik Türk köyleri. Maraş'ın doğusunda.	1635	22	74
Atmi, Malatya'nın güneybatı dağlarındaki Kürt aşireti. Sabit köyler	665	11	60
Pazarcık'taki göçebe kol	1040	8	130
Besni'deki göçebe kol	680	7	96
Sinemilli Kürtler, yarısı yerleşik Pazarcık kazasında.	1561	48	32
Kilisli, Kürt, yarısı yerleşik Pazarcık kazasında	420	19	22
Buvan, Kürt aşireti, yarısı yerleşik Pazarcık kazasında	375	7	53
Doğanlı, Kürtler aşireti, yarısı yerleşik Pazarcık kazasında	115	4	29
Purhan, Kürt nahiyesi, yerleşik, Malatya'ya bağlı	380	11	35
Malatya kazası, %90'ı yerleşik, Kürtler ve Türkler karışık. Malatya şehir merkezini hariç ancak 1500 hanelik Çırmıkh dahil	10002	136	74
Malatya'daki Türk köyleri	4327	33	130
Malatya'daki Kürt köyleri	5675	102	55
Pazarcık, Türkler ve Kürtler karışık, yerleşik ve göçebe	5276	111	48
Baliyan, Malatya'nın güney batısında			

yarısı göçebe yarısı yerleşik			
Savaş öncesi veriler	1830	28	65
Şimdiki veriler	1490	28	53
Diyarbakır vilayeti savaş öncesi veriler	2634	43	61
Türkiye'nin doğusu ile askeri rapor verileri (Diyarbakır vilayeti)	6693	89	75
Bitlis vilayeti, askeri rapor verileri	7694	129	60
Van vilayeti, askeri rapor verileri	3720	57	65
Harput vilayeti, askeri rapor veriler	1363	20	68
Bayzik, Kürt yerleşik aşireti, Hüsni Mansur kazası Savaş öncesi veriler	1274	53	24
Şimdiki veriler	1052	53	20
Milli konfederasyonundaki Yezidi köyler	600	20	30
Nusaybin çevresindeki yerleşik köyler	2000	40	50
Aliyan, Nusaybin'in doğusunda yerleşik Kürt aşireti	1000	30	33
Mahalami, Midyat kazasında yerleşik Kürt aşireti	2500	23	108
Aliki, Midyat kazasında yerleşik Kürt aşireti	600	15	40
Seyida, Midyat kazasında yerleşik Kürt aşireti	700	10	70
Dermamukah, Midyat kazasında yerleşik Kürt aşireti	500	15	23
Salih, Midyat kazasında yerleşik Kürt aşireti	400	6	66
Mizizex, Midyat kazasında yerleşik Kürt aşireti	1000	12	83
Beravi, Midyat kazasında yerleşik Kürt aşireti	600	12	50
Arapya, Midyat kazasında yerleşik Kürt aşireti	2400	50	48
Dumana, Midyat kazasında yerleşik Kürt aşireti	700	12	58
Kaza Alika, Midyat kazasında yerleşik Kürt aşireti	1500	17	88
Arnas, Midyat kazasında yerleşik Kürt aşireti	500	5	100
Kercz, Midyat kazasında yerleşik Kürt aşireti	1200	11	109
Raman, Midyat kazasında yerleşik Kürt aşireti	600	8	75
Hasankeyf, Midyat kazasında yerleşik Kürt aşireti	800	3	267
Hasar, Midyat kazasında yerleşik Kürt aşireti	750	15	50

Gouka, Midyat kazasında yerleşik Kürt aşireti	300	5	60
Habasbanı, Midyat kazasında yerleşik Kürt aşireti	700	12	58
Şamika, Midyat kazasında yerleşik Kürt aşireti	600	7	85
Ömeran i Fukani, Midyat kazasında yerleşik Kürt aşireti	1900	27	27
Ömeran i Tahtani, Midyat kazasında yerleşik Kürt aşireti	1800	25	72
Surgiçi i Zhor, Midyat kazasında yerleşik Kürt aşireti	600	10	60
Surgiçe i Zayir, Midyat kazasında yerleşik Kürt aşireti	1300	23	56
Dereveri Zor	250	5	50
Dereveri Zayir	250	5	50
Şayikan, Midyat kazasında yerleşik Kürt aşireti	700	9	72
Kohsar, Midyat kazasında yerleşik Kürt aşireti	800	10	80
Sor çevresindeki yerleşik köyler	400	5	80
Metini, Derik kazasında yarı-göçebe, Mardin'in batısında	500	28	18
Mahali, Derik kazasında yerleşik Kürtler.	400	15	27
Çaymazı, Derik kazasında yerleşik Kürtler.	240	8	30
Daşt i gaur, Derik kazasında yerleşik Kürtler.	900	30	30
Sorikan, Derik kazasında yerleşik Kürtler.	450	11	41
Laif, Derik kazasında yerleşik Kürtler.	250	8	31
Derik civarındaki yerleşik köyler.	800	25	32
Toplam	95851	1659	58

KÜRT TAKVİMİ

Bütün tarihler eski takvime göre belirtilmiştir. Yani tarihler, Miladi takvimden 13 gün geriden takip etmektedir. Örneğin, Miladi takvime göre 20 Şubat, Kürt takviminde 7 Gajur'a denk gelmektedir.

Türkçe	*Kürtçe*
Kanuni Evvel	Kanun a Paşi
Şubat	Gajur
Mart	Adar
Nisan	Nisan
Mayıs	Gulan
Haziran	Hiziran
Temmuz	Tırma
Ağustos	Tebax
Eylül	İlon ya da İlol
Taşrın Evvel	Çiri a Bari
Taşrin Saani	Çiri a Paşi
Kanun Evvel	Kanun a Bari

Bahar; 1 Adar'da başlar, yani Miladi takvime göre 13 Mart; Yaz, 1 Hiziran'da; yani 13 Haziran'da, Sonbahar, 1 İlol'da, yani 13 Eylül'de, Kış ise 1 Kanun a Bari'de (13 Aralık) başlar.

Kürtçede *Çil* denilen, kışın en sert geçtiği 40 gün, 23 Aralık ile 3 Şubat arasındadır. *Çil*'i 20 günlük bir dönem olan *Bayça* izler. Şubat'ın 3'ü ile 24'ü arası. Bunu izleyen 40 günlük dönem ise *Çik a Bahari* diye adlandırılır, yani 24 Şubat ve 3 Nisan arasındaki döneme denk gelir.

Chil chile ya bist baiche ya childi hayya jowab hai bahar hat

[Çil çile ye, bîst bayçe ye, çilî din heya cewab hat behar hat]*

Çil 40 gün sürer, ardından 20 günlük *bayçe* gelir, diğer 40 günün sonunda kuşların ilk şakımalarıyla bahar gelir.

Aşağıdakiler aylar ve mevsimler ve dönemlemeler üzerine en çok bilinen özdeyişlerdir.

1. Khidrnabi jamid zhe bare wa bu.
[Xirdnebî cemed jî berawa bû. (?)]
"Şubatın 21'inde (Khidrnabi) karlar erir, kayalardan akmaya başlar."

2. Waki maha Gajuke gav dakanit gav dagirit.
[Wekî meha Gajuk geh dikenit geh digirît]
"Şubat ayı gibi bir ağlayıp bir gülmek."

3. Khushk a Adar
Bida min ruzheki sar
Ja az giske pai bekama dar
[Xwişka Adar

---

* Özdeyişlerin aslını ve Kürtçe doğru yazılışını Hakkari şivesini de gözönünde bulundurarak [ ] içinde verdik. (–ed. n.)

Bide min rojeke sar
Da ez gîskê pey bikim dar]
(Şubat konuşur)
Mart kardeşim,
Bana soğuk günlerinden birini ver,
Böylece başka bir çocuk daha öldürebileyim."

Burada Gisk'in iki anlamı vardır, bir çocuk diğeri ise Mart'ın 1'i anlamındadır. Mart'ın 1'i genellikle çok soğuk olduğu için birçok çocuğun ölümüne sebep olmasıyla bilinir. Şubat kendisinde sadece 28 gün olduğu için 31 gün çeken Mart'tan bir gün istemektedir.

4. Hendi Adar zhe malıan bit zozan la pire haram bit.
[Kengî Adar ji mehan be zozan li pîrê heram be.]
" Mart ayında yaylaya çıkmak yaşlı kadınlara haramdır."
(Mart ayının güzel günlerine aldanan bir yaşlı kadının yaylaya çıkınca hava değişimi sebebiyle bütün sürüsünü kaybettiği bir hikayeye atıfta bulunmaktadır.)

5. Hazhdeh Adare av ghu gupka dare.
[Heştê Adarê av giha gupka darê.]
"Martın 8'inde sel suları ağaçların tepelerine ulaşır."

6. Nisan dow di kisan bar dare hame pisan.
[Nîsan dew di kîsan ber derê hemû pîsan.]
"Nisan'da en fakirlerin bile sofrasında ayran bulunur."
(Nisan'da süt veriminin en fazla olduğunu anlatmaktadır.)

7. Bist o chare Nisane gavmaish chuna garane hatinawa kuni dane.
[Bîstûçarê Nîsanê gamêş çûne garanê hatine kunî danê.]
"24 Nisan'da mandalar otlamaya çıkarlar ancak çok geçmeden 'Guni'lerine geri dönerler. (Guni, kışın sığırlara verilen bir yiyecek, mazı)

8. La dashte Nisan nachit bai gul wa Gulan nachit bai mil.
[Li deştê Nîsan naçe bê gul, wa gulan naçe bê mil.]
"Nisan gülsüz, Mayıs demetsiz geçmez."

9. Gullan kalla kalla miana.
[Gulan e kale kala miyan e.]
"Mayıs'ta koyunların nefesi ısınmaya başlar."

10. Hiziran khinziri giah la baiyaran kuziri.
[Hezîran xinzirî giya li beyaran kizirî.]
"Haziran sıcakları geldiğinde, su başlarında otlar kurumaya başlar."

11. Tirma sare kachelan dasozhit.
[Tîrmeh serê keçelan disojit.]
"Temmuz kelleri bile sıcaktan bunaltır."

12. Tabakhe meh dagirrin kemakhe.
[Tebaxê mih digirin kemaxê.]
"Ağustosta koyunlar yağlanır."

13. 15 Eylül Kowçerin [Kewçêrîn] ya da kekliklerin otlandığı gece diye adlandırılır. Eylül ayının ortasında ay çok parlak olduğu için keklikler geceyi gündüz zanneder.

14. Shame shamaldane
Shave e chirrian draizha
Chirukh yeki zhe mara baizha.
[Şem e şemildan e
Şevê çiliyan dirêj e
Çîrokekê ji me re bêje]
"Çıra köşesinde yanıyor
Karakışın geceleri uzundur
bana bir masal anlat."

KÜRTLERİN KARAKTERLERİ

Özdeyiş ve atasözleriyle birlikte verilmiş

(Özellikle Hakkari Kürtleri hakkında)

Bir ulusa ait özdeyiş ve atasözlerinin o ulusun özelliklerini yansıttığına dair yaygın bir kanı vardır. Özdeyişler bazen çelişik ve uç durumları göstermesine rağmen inkar edilmezler. Gerçekler kendilerini çok zor gösterirler.

Aşağıda çok bilinenler arasından Kürtlerin karakterlerini en iyi şekilde yansıttıkları düşünülerek seçilen Kürt özdeyişleri yer almaktadır. Aşağıdaki hatalar Kürt literatürünün eksikliğinden ve çok sayıda ağzın bulunmasından kaynaklanmaktadır, bu durum bir yabancının dil üzerinde bir çalışma yapmasını iyice zorlaştırıyor.

Kürtler dağlı bir ırktır ve bütün özellikleri dağla özdeşleşmiştir, özgürlük aşkı, şiddetli tutkular ve kavminden onur duyma. Kürtlerin en belirgin davranışı, en küçük bir tahrik karşısında hemen silahlarına sarılmaları ve kan dökmekten haz almalarıdır.

1. Miruf khundar bit qarrdar nabit.
[Mirov xwîndar bit deyndar nabit.]

"Borçlu olmaktansa eli kanlı olmak daha iyidir."

2. Jana miruf dekewit nava miruf na derkewit.
[Jana mirov dekevit nava mirov na derkevit.]
"Onursuz yaşamaktansa ölmek yeğdir."
[Acı içe işledi mi çıkmaz.]

3. Weki dai mirof razil bit bila male mirof razil bit.
[Wekî dî mirov rezîl bit bila malê mirov rezîl bit.]
"Onurunu kaybedeceğine malını kaybet."

4. Dizhmin a babe nabite dust a kurre.
[Dijminê bav nabit dostê kur.]
(Düşmanlıklar ve kan davaları genellikle çözümsüz kalır ve Kürtlerin uyuşmaz bir doğaları vardır. Kürtler kindardır.)
"Babanın düşmanı oğlun dostu olmaz."

5. Rrai debina b'host dizhmin nabina dost.
[Rih dibe bost, dijmin nabe dost.]
"Yol biter düşmandan dost olmaz." [Yazar burada "rih" (sakal) ile "rê" (yol) kelimelerini karıştırmış. Doğrusu Sakal bir karış olur, düşman dost olmaz.]

6. Show rra dazain dizhmin na rra zain.
[Şev radizin dijmin narazin.]
"İnsan [gece] uyur düşman uyumaz." (Su uyur düşman uyumaz.)

7. Agar dost hazar ba kema agar dizhmin yek ba zora.
[Heke dost hezar be kêm e, heke dijmin yek be zor e.]
"Bir düşman bin yarım dosta bedeldir.
[Bin dost az, bir düşman çoktur]

8. Tol a khwa la sar dizhmina a khwa na haile.
[Tola xwe li ser dijminê xwe nehêle.]

"Düşmanınla hesabını görmeden bırakma."

9. Khalon khwarza rra kirrin mama braza chal kirrin.
[Xalan xwarzê rakirin maman brazî çal kirin.]
"Dayılar yeğenlerinin ellerinden tutar, amcalar yeğenlerini mezara gömer."
(Böyle söylenmesinin nedeni; genellikle kan davaları erkek kardeşler arasında çıkar ve bir çatışmayı bitirmenin en iyi yolu evliliktir. Bir gelin kanın durmasını sağlayabilir.)

10. Ta az nawaim chawera minta nawai har do chawan.
[Te ez nevim caran min te navê herdu caran.]
"Sen benden bir kere nefret edersen ben senden iki kere nefret ederim."

Düşmanlar hakkında söylenen tek güzel söz:

11. Dizhmin a dana chaitir zhe dust a nadan.
[Dijminê zana çêtir e ji dostê nezan.]
"Akıllı düşman aptal dosttan iyidir."

Kürtlerin kavga tutkusu yiğit bir düşmana büyük saygı duymalarına neden olur.

12. Mairini biria zhe purrini.
[Mêranî berî ji piranî]
"Cesaret yüzlerce düşmanı alt eder."

13. Mardi bai zowalia.
[Merdî bê zewalî ye.]
"Yiğitlik katıksızdır."
[Mert olan zalim olmaz.]

14. Chaka mairan niv a kara.
[Çeka mêran nîvê kar e.]
"Silah işin yarısıdır, (diğer yarısı cesarettir)"

15. Khude be miruf yarbit shire miruf bila dar bit.
[Xwedê bi mirov yar bit, şûrê mirov bila dar bit.]
"Elinde kılıç olsun sopa olsun fark etmez yeter ki Allah yanında olsun."
[Allah yanında olduktan sonra kılıcın odundan olsa da farketmez.]

Sert ve ilkel koşulların sağladığı cesaret insan hayatının kutsallığı söylemi ile bağdaşmaz.

16. Barkh ı nair zhe kaire ra ya.
[Berxê nêr ji kêrê re ye.]
"Koç bıçak içindir."

17. Mirrin maiwan e hami kasse ya.
[Mirin mêvanê hemû kesan e.]
"Ölüm herkesin konuğudur."

18. Mirrin habi kalbun nabi.
[Mirin hebî kalbûn nebî.]
"İhtiyarlamaktansa ölmek daha iyidir."

19. Mirrin mirrin a, khirr a khirr ciha.
[Mirin mirin e xire xir çi ye?]
"Ölüm ölümdür, neden ölümün kahrı çekiliyor."

Birçok seyyah bazen kendini Kürt karakteristiğinde gösteren hainliği gözlemlemiştir.

'Handbook of Mesopotamia' adlı kitabın birinci cildinde şunlar yazmaktadır: Kürtler çoğu zaman insan hayatına karşı duyarsız ve pervasızdır, bazen çok vahşice davranabilirler. Savaş kurallarına aldırmamaları, kalleşlik gibi çok kötü bir nam salmalarına neden olmuştur.

Kürtlerin kalleş olmaları; yaşadıkları ağır fiziksel koşullardan, aşiretler arası sonu gelmez kan davalarından ve bu ülkenin yüzyıllarca kendilerine en ufak bir hoşgörüde bulunmayan yabancı işgalciler tarafından baskı altında tutulmasından kaynaklanır.

Kürtler, tarihleri boyunca merhamet kavramı ile karşılaşmadıkları için sert bir karaktere sahiptir. Bir Kürdü hoşgörünün zor anlarda işe yaradığına ikna etmek imkansızdır.

20. Rra ka be nan a khwa bar da jan a khwa.
[Rake bi nanê xwe berde jîna xwe.]
"Ekmeğinle doyur ihaneti gör."
[Besle kargayı oysun gözünü.]

21. Di koshe runc rehan wu ru.
[Di kûşe rehan werû (?)]
"Eteğinde okşadığın kuşun tüyleri elinde kalır."

22. Biani bide gohshte jani aqibat pashimani.
[Biyanî bide goştê canî aqîbet poşmanî.]
"Yabancıya kanını verenin sonu pişmanlıktır."

23. Sy a ma la bar dar a ma naravit la dare khalqe daravit.
[Sayê me li ber derê me narevit, li derê xelkê direvit.]
"Köpek sahibinin evini korumaz komşunun evini korur."

24. Zhe av a mand betarsa zhe av a gurr matarsa.
[Ji ava min(d) bitirse, ji ava gurr metirse.]
"Durgun sudan kork akan sudan korkma."
Kürtlerin sert görünüşlerinin arkasında müthiş bir pratik zeka vardır ancak biz Batılılar bu insanları anlamayıp onları vahşi ve acımasız sıfatlarına layık görürüz.

25. Silow la rehan nina slow la mehana.
[Silav li rehan nîn e silav li mehan e.]
"İnsan insana başındaki beyaz saçların hatırı için değil büyük sürüsünün hatırına selam verir."

26. Har paighamberyeki du a la a jan a khwa kirria.
[Her pêxemberekî dia li canê xwe kiriye.]
"Her peygamber önce kendisi için dua eder."

27. Waki khirch pir debit kutaila pai dakanin.
[Wekî hirç pîr dibit kudik pê dikenin.]
"Ayı kocayınca yavrularına maskara olur."

28. Sing nachit mirkut dabat.
[Sing naçit mêrkut debit.]
"Çiviyi çekiç dize getirir."

29. Haqe biz'n a kol zhe bo biz'n a shakh naminit.
[Heqê bizina kol ji bo bizina bi strû namînit.]
"Koç boynuzlarını zararsız düşmanına göstermez."
[Boynuzsuz keçinin ahı boynuzluda kalmaz.]

30. Tu Ali shair ba sar sar a kaivir ba,
Kaivirzhe tara talan zhe mara.
[Tu Alîşêr be ser serê kevir be
Kevir ji te re talan ji me re.]
"Sen Alişer ol taşa otur
Taş sana ganimet bize."
Gerçek bir olaya dayanır. Alişer eşkıyalar tarafından soyulduktan sonra yüksek bir kayaya çıkıp kendisinden aldıkları malların bir kısmını geri vermelerini istemiştir.

31. Harchi karrek hai i kurrek hai i.
[Heçî kerek heye kurek heye.]
"Kimin borcu [eşeği] varsa bir oğlu vardır."
Kürtlerin kişiliğindeki sertlik yüzyıllar boyunca kendilerine hükmedenlere karşı ayaklanmalarından kaynaklanır, bu aynı zamanda kişiliklerine büyük bir bağımsızlık ve mesafeli davranma duygusu katmıştır.

32. Male kawasti nagahata hasti.

[Mala kewastî (?) negihata hestî]
"... kemiğe ulaşmadı."

33. Tu dare kase nakuti kas dareta nakuti.
[Tu derê kesî nekutî kes derê te nakutî.]
"Kimsenin kapısını çalmazsan kimse senin kapını çalmaz."

34. Nane hur ka ave minat a khalqe pawa.
[Nanê xwe hûr ke avê nexwe mineta bavê.]
"Ekmek ve su ile yaşamak birisine köle olmaktan iyidir."

35. Miruf dike ruzheki bit bila mirishka saleki nabit.
[Mirov dîkê rojekê bit bila mirîşka salekê nebit.]
"Bir saatlik zafer dolu yaşam yüzyıllık ömre bedeldir."
[Bir günlük horozluk, bir yıllık tavukluğa yeğdir.]
Yabancı egemenliği altında yüzyıllarca yaşayan Kürtler, uzun vadeli programlar yapmaktansa ellerinde bulunan anlık özgürlüklere daha fazla önem verirler.

36. Male nakhwari yeh zalimaya.
[Malê nexwarî yê zalima ye.]
"Kullanmadığın mal tirana yar olur."

37. Male a weshandi khalqe garmishandi.
[Malê veşartî xelkê germişandî.]
"Ailenden sakındığın herşey başkalarına yar olur."
[Sakladığın mal başkasının olur.]
Dağda yaşayan insanlarda doğal koşulların da etkisiyle cömertliğe ve dostluğa önem verilir:

38. Jamair dachin navan dahailin kupurr dachin paran dahailin.
[Camêr diçin navan dihêlin, kupir diçin peran dihêlin.]
"Yiğit ölür namı kalır, cimri ölür parası kalır."

39. Male kupurri nachita gori.
[Malê kupirî naçîte gorê.]
"Cimrinin malı mezarda işe yaramaz."
Vatanseverlik Batı dillerinde insanın yaşadığı topraklara duyduğu tutku anlamında kullanılmaktadır -koyunlarını otlattıkları yeşil dağlar, kışlıklarıyla yaylalar arasındaki yol boyundaki soğuk kaynak suları ve ektikleri verimli ova toprakları vs.
Fakat Kürtleri daha iyi tanıdıkça yaşadıkları yerlere olan tutkularının hızla vatanseverlik düşüncesine dönüştüğü gözlemlenir.

40. Bulbul danan qaf's a zair kirra gazi akh wilat akh wilat.
[Bilbil danîn qafesa zêr, kire gazî "ax welat, ax welat!"]
"Bülbülü altın kafese koymuşlar; 'ah vatanım, ah vatanım' demiş."

41. Sham be shakara wilat shirintara.
[Şam bi şekir e welat şêrîntir e.]
"Şam güzeldir, vatan daha güzeldir."

Aşağıdaki yaygın olarak bilinen *Stran* (türkü) Kürtlerin doğdukları yere duyduğu sevgiyi göstermektedir.

42. Wilat a min nina
Nizam a qanun a wilat a zhairina.
Kasara dil a min wilat a zhorina.
[Welatê min nîn e
Nîzama qanûn a welatê şêrîn e
Qesra (kesera?) dilê min welatê jorîn e.]
"Benim vatanım yoktur
Kanun da nizam da buranın sahiplerinindir
Kalbimin kasrı dağlardadır."

Aşağıdaki iki özdeyiş Kürtlerin aşiret içi ilişkilere verdiği önemi göstermektedir.

43. Biani bide gohshte jani aqibat pashimani.
[Biyanî bide goştê canî aqîbet poşmanî.]
"Yabancıya canını verenin sonu pişmanlıktır."

44. Khwyani miruf bekuzhit haiski miruf wadashairit.
[Xuyanî mirov bikujit heskî mirov vedişêrit.]
"Birisi kendi insanlarından birini öldürürse diğeri kemikleri saklar." (Kol kırılır yen içinde kalır.)
[Bilinen biri seni öldürdüğünde hiç olmazsa gömmek ister.]

Kürtler temelde saf ve sade bir yaşam sürerler. Kötü alışkanlıkları ve sapkınlıkları yoktur. İran'da çok yaygın olan afyon ve Türklerin gözde içeceği rakı, Kürtler arasında tabudur. Çok düşkün oldukları tavlaya bile yan gözle bakarlar.

45. Hami tisht zhe zirrawi dibizdit insan zhe usturi.
[Hemî tişt ji ziravî dibizdit însan ji sturî.]
"Herşeyin fazla gösterişlisi iyi değildir, erkeğin ise şişmanı."
[Herşey incelikten ürperir, insan şişmanlıktan.]

46. Kem bekhwa har gav bekhwa.
[Kêm bixwe her gav bixwe.]
"Az ama sık yemek ye."

47. Lugme a kanj badl sifrek zade na kanja.
[Luqma qenc bedel sifrek zadê ne qenc e.]
"Güzel bir lokma dolu bir sofradan iyidir."

48. Khow gham khwarin
Har seh dizhminet ghadarin
La chu kassi nabarin.
[Xew, xem, xwarin
Her sê dijminê xedar in

Li tu kesî nebarin.]
"Uyku, keder ve duygu
Bunların üçü de insanın hasmıdır
Kimsenin üstüne olmasın."

Evlilik:

Kürtlerdeki evlilik anlayışı Araplar, Türkler ve Farslar gibi diğer Müslüman uluslara nazaran daha özgürlükçüdür. Kürdistan'da kadınlar geniş özgürlüklere sahiptir. Evlilik belli bir kur süresinden sonra gerçekleşir. Evlendikten sonra kadın ikincil bir rol oynamaz.

49. Zhin stun a maleya.
[Jin stûna malê ye.]
"Kadın evin direğidir."

50. Zhin bina be lawini da kurr be tara begahan.
[Jin bîne bi lawanî da kur bi te re bigihin.]
"Erken evlen yaşlanmadan çocukların arasına katıl."
[Erken evlen ki çocukların seninle büyüsün.]

51. Zhin o mair tavir o bair.
[Jin û mêr tevr û bêr.]
"Karı kocayı birbirinden kazma ve kürek (mezar kazmak için) ayırır."
[Kadın erkek, kazma kürek.]

52. Maire min low ba krasse min jow ba.
[Mêrê min law ba kirasê min caw ba.]
"Kocam genç eteğim güzel olsun."
[Kocam yakışıklı olsun, varsın elbisem basma olsun.]

53. Mala zaruk tai da shaitan na yeta taida.
[Mala zarok tê de şeytan nayête tê de.]
"Çocuklu eve şeytan girmez."

54. Zaruk faikihêt malanin.
[Zarok fêkiyêt malan in.]
"Çocuklar evin meyvesidir."

55. Maire do zhinan dargahwana.
[Mêrê du jinan dergewan e.]
"İki karısı olan erkek kapı önünde kalır."

Kürtler için genellikle monogami (tekeşlilik) geçerlidir.

56. Mal a zairan xharab debit mala kurran kharab nabit.
[Mala zêran xerab dibit mala kuran xerab nabit.]
"Zengin aile çöker, oğlu olan aile ayakta kalır."

57. Mair chama zhin gola.
[Mêr çem e jin gol e.]
"Erkek ırmak, kadın göldür."

58. La zhina nagarra la khizma begarira.
[Li jinan negere li xizman bigere.]
"Evleneceğin kadın illaki güzel değil, ilgili olsun."
[Kadın değil akraba ara.]

Kadın:
Kürt kadını namusluluğu ile ünlüdür. Hemen hemen bütün aşiretlerde, zinanın cezası ölümdür.

59. Zhin a shermi be shahryeka maire sharmi be kar yeka.
[Jina şermî be şarek e mêrê şermî be bêkêrek e.]
"Jin Utangaç kadın bir şehir değerindedir, utangaç erkek hiçbir şey değildir."

60. Zhin qalaya mair falya.
[Jin kele ye mêr fedaî ye.]
"Kadın kaledir, erkek kaleyi kuşatandır."

[Kadın kaledir, erkek fedaidir.]

61. Aqle zhinan di koshe dana waki bra debit b'low debit.
[Aqlê jinan ji koşa de ne, wekî bira dibit belaw debit.]
"Kadın evinin köşesinde akıllıdır, evinin dışına çıkarsa aklı başından gider."

62. Hendi zhinin hendi zhanin
Hend malhame dilanin
Hend khanim a kuroranim.
[Hindî jin in hindî zanin
Hind melhema dilan in
Hind xanima kururan in]
"Bazıları saftır bazıları azgın
Bazıları gönlünü hoş tutar
Bazılarının aklı da yemek dolabındadır."
[Bazıları bilgedir
Bazıları gönüllere melhemdir
Bazılarının da aklı mutfaktadır.]

Cinslerarası İlişki:
Bir kişinin güçlü ve sağlıklı olduğunu belirtmek için 'bir bekar kadar güçlü' (Awa Azaba) terimi kullanılır.
Kürtçede fahişeliği karşılayan bir kelime yoktur. Fahişe için, küçümsemek amacıyla Doğu'da İranlı, kuzeyde Rus, güneyde Arap, batıda Türk kelimeleri kullanılır.
İlkel ve doğal koşullarda yaşayan insanlar olarak Kürtlerin duyguları basit ve sadedir:

63. Bekhwa gosht sowar ba gosht wa laida gosht.
[Bixwe goşt siwar be goşt waleyde (?) goşt.]
"Et üç çeşit zevk verir, yerken, binerken, yatarken."

Kürtler atlara çok düşkündür, aşağıdaki söz, tüm at binicilerinin kulağına küpe olmuştur:

64. Lai sowar ba tatar ba zhai pya ba mehtar ba.
[Lê siwar be tatar be jê peya be mehtar be.]
"Atın üzerindeyken onu boş bırakmayın, değilken onun kölesi olun."

Din:
Kürtler, genelde hoşgörülü ve esnek Müslümanlardır. Atasözleri ve özdeyişler nadir olarak din ile ilgilidir. Din ile ilgili olanlar ise genellikle dini alaycı bir şekilde işler.

65. Sare hata b'rini nayaiti kirrini.
[Serê hate birînî, nayête kirrînî.]
"Kesilecek başın fidyesi olmaz."

Bu deyişte, İslamın kuralları ile net bir çelişki sözkonusudur.

66. Min davaita ta davaite mulla watia waita.
[Min divête te divête, male çi wîte wît e.]
"Ben seni istiyorum sen beni, imama ne oluyor."
(Bir düğün töreni sırasında kızın veya erkeğin sevdiğine söylediği söz.)

67. Zhe sofian naka bawar agar shashik zhe nure bit.
[Ji sofiyan neke bawer eger şaşik ji nûrê bit.]
"Takkesi nurdan olsa dahi bir softaya güvenme."
Mollalar ya da softalar genellikle açgözlü olarak bilinirler.

68. Gotina mulla kare min karo ta kusht gut kare kar jahramaya gutin nakhair karreta karrema kusht gut karr bai zara bai athman.
[Gotine malê, kerê min kerê te kuşt. Got kerê ker ji me re ye. Gotin, naxêr kerê te kerê me kuşt. Got ker bê zar e bê etman e.]
"Bizim eşeğimiz seninkini öldürdü dediler mollaya. Mol-

la cevap verdi: Bir eşeğe karşılık bir eşek isterim. Doğru ancak senin eşeğin bizimkini öldürdü. Ölen bizim eşek, dediler. Molla cevap verdi: Eşek akılsız bir hayvandır, sorumluluk alamaz."

Benzer bir hikaye ise:

Mollanın biri nehre düşer. Bunu görenlerden birisi mollaya; 'Bana elini ver' der. Molla isteksiz davranır. Bunu gören bir başka kişi: 'Onlar vermeye alışık değildir. Eğer mollayı kurtarmak istiyorsan, sen ona elini ver' der.

Zenginler ve Zenginlik

Kürtlerin zenginliğe yaklaşımı karmaşıktır. Bir yandan, zenginin pratik konulardaki kurnazlığı, kendisine değer verilmesine yol açar, öte yandan, hırçınlığı birçok tuzağa düşmesine neden olmuştur.

69. Rrai a pinea duzeh bar dare solkare dekewit.
[Riya pînedûzeh ber derê solkar dekewit.]
"Ayakkabı tamircisinin yolu, ayakkabı imalatçısının kapısından geçer."

70. Male Dowlamande chan a faqire shil dakat.
[Malê dewlemendan çena feqîran şil dikit.]
"Zenginin malı züğürdün çenesini yorar."

71. Naiyari wai di jahale ari.
[Neyarî wey di çewalê arî.]
"Düşmanlıklar un çuvalından çıkar."

Misafirperverlik:

Tüm dağlık kesimlerdeki aşiret topluluklarında misafirlere nasıl davranılacağına dair kurallar çok iyi bilinir ve bağlayıcıdır.

72. Maiwan maiwanet khudena.
[Mêvan mêvanê xwedê ye.]

"Misafir tanrı misafiridir."

73. Risket mêwanan la sar khudeya.
[Risqê mêvanan li ser xwedê ye.]
"Allah misafire yapılan hizmeti görür."
[Misafirin rızkı Allahtandır.]

Diğer taraftan Kürtler, uzun süren misafirlikleri sevmezler.
Aşağıdaki bir kaç özdeyiş bununla ilgilidir:

74. Pishta pishta ballake
Maiwan khwashan rozheke.
[Piste pista belek e
Mêvan xweşan rojek e.]
"Pıst pıst benekli kedi
Misafir bir günlüktür."

75. Maiwan zhe maiwan ajiza
khanokhwai zhe har do juna.
[Mêvan ji mêvan aciz e
Xwedîxanî ji herduyan.]
"Misafir misafiri sevmez ev sahibi ikisini de sevmez."

Kürtlerin sözlerini sakınmayan insanlar olduğunu gösteren örnekler ise aşağıdaki gibidir:

76. Maiwan a drang shiv la sar a khwaia.
[Mêvanê dereng şîv li ser xwe ye.]
"Geç gelen misafir yemeğini kendisi hazırlar."

Kürtlerin açıksözlülüğü ve karakterlerindeki pratik özelliklerin belirleyiciliği, onları aşırı uçtaki duygusal düşüncelere, özellikle de konukseverlik konusunda, savrulmaktan korumuştur; örneğin Hatim Tai'den beklenenler gibi.

77. Khidmati beka zhe piranra waki pir debi khidmati bebini.
[Xizmetê bike ji pîran re, wekî pîr debî xizmetê bibînî.]
"Yaşlılara iyi bakın ki siz yaşlandığınızda size de birileri baksın."

78. Nan a mairan la sar mairan karra.
[Nanê mêran li ser mêran kar e.]
"Misafirperverlik, alacaklının borcu gibidir."

79. Diari qasb in shun diari hasp in.
[Diyarî qesb in şûn diyarî hesp in.]
"Küçük bir hediye ver karşılığında ağır bir hediye alırsın."

Sadakat ve Otoriteye Bağlılık
Babaerkil bir toplum yapısına sahip olan Kürtler, aile reisine ya da aşiret liderine büyük bir sadakat ile bağlıdır.

80. Bohti be mir a khwa Shairvi be shir a khwa Hakari be rrai o tagbir a khwa.
[Botî bi mîrê xwe, Şerv(an)î bi şûrê xwe, Hekarî bi ra û tekbîra xwe.]
"Botanlı mirine, Şervanlı kılıcına, Hakkarili kendine güvenir."

81. Mazin bebina pirra dawait mirof na datasar.
[Mezin bibine pira dawetê mirov nade ser.]
"Büyükler düğün köprüsü bile olsa insan üstünden geçmemeli."

82. Charme dawar sarbare karreya.
[Çermê dewêr serbarê kera ye.]
"Hayvanın postu (derisi) eşeğin yüküdür."

Avrupalılar tarafından kullanılan Kürt atasözleri aşağıdaki gibidir:

83. Na palang dashait khaletkhwa b'g`horit na abdi rrash.
[Ne piling daşit xalet xwe big'hurit, na abd reş.]
"Ne Habeş rengini değiştirebilir ne de leopar beneklerini kapatabilir."

84. Bare khwariste birukh dagirrit.
[Berê xwariste birux digrit.]
"Yuvarlanan taş yosun tutmaz."
[Duran tay yosun tutar.]

85. Kengi p'shik la mal niyya mishk be kaifa khwaya.
[Kengî pisîk li mal niye, mişk bi kêfa xwe ye.]
"Kedinin olmadığı yerde fare halay çeker."

86. Mush tagbir kirran gutin zangilyek bekana ustu i pshika.
[Mişk tegbîr kirin, gotin zengilek bikin stûyê pisîkan.]
"Farenin, kedinin boynuna zil takması kadar tehlikeli bir işe kalkışmak."

87. Sor gul bai istri nabit.
[Sorgul bêyî strî nabit.]
"Dikensiz gül olmaz."

88. Min daryek daya nan charkh a wi.
[Min darik daye nav çerxa wî.]
"Tekerine çomak sokmak."

Kürtlerin komşularına karşı tavırları:
Kürt tarihinde işgaller yoğun olarak yaşanmış olmasına karşın Kürtler; ulusal niteliklerini korumayı ve komşularına karşı dengeli bir ilişki kurmayı başarmışlardır.

89. Garde habuya padishah yek
Laiq bidehya khude kullah yek

Albetteh dibu mazhi bakhtek
Rum o arab o ajam tamamin
Hemuyan zhe mara dikir ghulamin.
[Ger hebûya me jî padîşahek
Laîq bidiya xweda kulahek
Helbet dibû me jî bextek
Rum û ereb û ecem temamî
Hemûyan ji me re dikir xulamî. E. Xanî'ye ait olan bu dizeler anonimleşmiştir.]
"Eğer olsaydı bizim de bir padişahımız
Tanrı bize de bir tacı layık görseydi
Elbette bizim de bahtımız olurdu
Türkler, Farslar ve Araplar
Hepsi bizim kölemiz olacaktı."

Türklere karşı tavırları
Kürtler, Türklere derin ve keskin bir antipatiden başka birşey hissetmez.

90. Waki khabr a rumian.
[Wekî xebera rumiyan.]
"Türkün sözü gibi."

91. Khude che kase na aikha banda rumian.
[Xwedê tu kesî neke benda rumiyan.]
"Allah herkesi [rumilerin] Türklerin gazabından korusun.

92. Waki dirafe rumi.
[Wekî diravê rumî.]
"Türk tahsildarı gibi zorba."
[Türk parası gibi.]

Kürtler, Farsları hilekar oldukları için sevmezler.

93. Waki sihre ajamana.

[Wekî şûrê eceman e.]
"Farsın kılıcı gibi." (İki ucu da keskin kılıçları, bir dostu da öldürebilir.)

94. Waki askar a ajamana.
[Wekî eskerê eceman e.]
Fars ordusu gibi perişan.

95. Waki ajam k'low a.
[Wekî ecem qelew e.]
"Fars gibi şişman."

Kürtler Arapları, kendilerini diğer halklardan üstün gördükleri için sevmezler.

96. Na baizhin bo marhabba aw darina sar dangi abba.
[Nabezin bo merheba, ew derin ser dengî eba.]
"Araba boş yere cesaret verme, gelir senin içine eder."
[Merhabaya (dostluğa) değil abaya koşarlar.]

97. Arab waki maish hendi kish dakan hartaine paish.
[Ereb wekî mêş hendî kiş dikin her têne pêş.]
"Araplar sinekler gibidir, kovdukça kaçar, kovmadığın zaman yüzüne yapışır."
[Araplar sinek gibidir, kovdukça üstüne gelirler.]

Kürtlerin, Ermenilere karşı tavırları Doğu Avrupalıların ve Londra'nın doğu ucunda yaşayanların Yahudilere karşı tutumlarıyla benzerlik gösterir:

98. Nynuk pellah.
[Neynûk filla.]
"Tırnakları Ermeni gibi olmak. (Uzun ve kirli.)"
[İsevi tirnaklı.]

99. Haspe kulla sy e tulla maire fellah lai ma ba owla.

[Hespê kulle, sayê tulla, mêrê filla lê mebe ewle.]
"Yavan bir kestane, melez bir hayvan veya bir Ermeni."
[Sakat ata, ... köpeğe, fellah (Hıristiyan) adama güvenme.]

Kürtler, Nasturileri Kürt ulusundan sayarlar;

100. Nav byn a ma wa muyeka nav byn a ma wa fellah chiayeka.
[Navbeyna me û wan mûyek e, navbeyna me û filla çiyayek e.]
"Nasturilerle aramızda bir saç teli kadar fark vardır, fakat Ermenilerle aramızda dağlar kadar fark vardır.]

101. Hajat a sirginan dachina gund a makhinan.
[Hênceta sergînan diçine gundê maxînan.]
"Yakacak arayan kimse bir Nasturi köyünü [güzel bir kızı görmek için) ziyaret etsin."

Kürtler, Ortodoks Müslüman oldukları için Hristiyanlardan kız alıp vermezler, ancak Nasturilerle aynı soydan olmaları dolayısıyla bu iki grup arasında evlilik yaygındır.

Kılıçlı

Pazarcık kazasında toplam 420 haneden oluşan 19 köyü kapsar. Yazları Akhir dağına çıkarlar.

Dinleri, Alevi yani Şii.

Türkçeyi Kürtçeden daha iyi konuşurlar.

Reisleri: Urmah Ağa, Hamza Ağa ve Ali Ağa.

Doğanlı (Esasen, Reşvan aşiretinin bir alt koludur.)
Pazarcık kazasında 4 köy ve 115 haneden oluşur.
Kışları Akhir Dağında yaşarlar.
Alevidirler.
Reisleri: Baki oğlu Hasan Ağa

Köyler:	Hane Sayısı
Çatal Höyük	30
Kirni	30
Tayvit	30
Karahasan	35
Toplam	115

Çekalan

8 köy Maraş'ta, bir tane Pazarcık'ta ve birkaç tane de Besni'de bulunur.

Maraş kolunun reisi Molla oğlu Kokaş.

Yaylaya, Çokum'a (Anzaklı Dağında) giderler.

Köyler

Maraş'ta: Çugaran, Nasıran, Daveper, Karameh, Murke, Sarkuşan, Ali Muhammed Raş.

Pazarcık'ta: 30 hanelik Avasan köyü.

Buvan

Pazarcık kazasında, İncirlik yakınlarında 375 haneden oluşan birbirine yakın 7 köyden oluşur.

Yazları Anzak'ta geçirirler.

Din: Önemli bir kısmı Alevi, geriye kalanlar Sünni.

Kurmanci konuşmaktadırlar.

Reisleri: Meme Ute ve Memiş Ağa

Köyler	Hane sayısı
Memiş	55
Alibey	30
Hasan Koca	30
Topalan	30
Korikan	30
Avdilam	100
Koçaryan	100
Toplam	375

Havaydi.

Besni Kazasındaki 30 köyde toplam 1940 aile bulunmaktadır, bunlardan 650'si yazın Kozak Dağına göçerler.

Köyde büyük bahçeler yer almaktadır, buradaki aşiret üyeleri tarlalardan daha fazla toprağa bağlıdır.

Din: Sünni.

Dil: Üç büyük köyün toplam nüfusunun yarısı Türkçe konuşmaktadır, geriye kalanlar Kürtçe konuşmaktadır, Türkçeyi de bilmektedir.

Liderleri: Şeyh Ağazadeler ailesi reislik etmektedir. Raşid Ağa, Ali Bey ve Ali Ağa önemli reislerdendir.

KÜRT BALYAN AŞİRETİ ÜZERİNE NOTLAR

Malatya'nın güneydoğusunda yaşamaktadırlar.

Tarih

Asıl yerleşim birimleri, Mişhar ve Argana'da bulunmaktadır. Burada halen Balyan aşiretine ait köyler bulunmaktadır. 400 yıl önce aşiret liderinin üç oğlundan her biri, bir kola önderlik ederek çeşitli yerlere yerleşirler. Oğullardan en büyüğü Mişhar'da kalır diğer ikisi Malatya'ya göç eder. Cova ve İspende nahiyelerinde bulunan köyler Balyan Aşiretinin Malatya'ya gelen kolları tarafından kurulur.

Balyanların bir kısmı Sıvas'a, bir kısmı da Van'a göç ederek burada Balyan adında bir köy kurarlar.

Aşirete mensup bir de 100 hanelik Türk köyü vardır. (Cafana). Bu köyde çoğunluk Türkçe bilmektedir.

İstatistiksel Veriler

Kaza	Köy sayısı	Hane sayısı		
		Savaştan Önce	Savaştan Sonra	
Malatya	17	1145	985	Üç köy dağlarda yer alır. Yerleşik köylerdeki 200 aile dışında bütün aileler yazın yaylalara çıkarlar.
Akçadağ	7	185	145	Yazın yaylaya çıkmazlar.
Hüsnü Mansur	4	500	360	100 aile dışında hepsi göçebedir.
Toplam	28	1830	1490	

Din

Bütün aşiret Alevidir. Kızılbaş ismini kabul etmiyorlar.

Genel Özellikler

Sıcakkanlı, iyi insanlar. Dürüstlükleri ve sözlerinin eri olmakla tanınırlar.

Dil

Kurmanci. Liderleri, muhtar ve bir kısım köylü Türkçeyi de bilmektedir.

Liderlik

Hasan ve Şeyho.

Silahlı Güç ve Siyaset

Birkaç tane modern tüfek gördüm ancak sayıları en fazla 400 civarındadır.

100 tanesi atlı olmalı. Türk askerlerinin bir ceza olarak firarilerin evlerini yaktığı zaman direniş göstermişler. Savaşçılıkları çevre aşiretler tarafından da bilinir.

Ağırlık ve Ölçü Birimleri

Kod tahıllarda ağırlık ölçüsü olarak kullanılır, 12 kilo

buğdaya 10 kilo arpaya denk gelir.
Ling: 0.3 ketre.
Arın: 70 cm.

Para Birimi
Altın Lira = 7 Mecidiye
Mecidiye = 20 kuruş
Nikel para tedavülden kalkmıştır.

Fiyatlar
Buğday. Arpa.
1 yaşındaki koyun 12 Mecidiye
2 yaşındaki 15 Mecidiye
1 yaşındaki keçi 15 Mecidiye
2 yaşındaki keçi 15 Mecidiye

Tarım
Pulluk başına ovalarda 50 kod, tepeliklerde 20 kod ekilir. 50 kodun 30'u buğday, 15'i arpa, 5'i darıdır.
Çavdar tepeliklerde ekilir, Hint mısırı (garis i nabi) ve tütün de öyle. Pirinç ekimi yoktur.
Ovalık köylerde verim düşer.
Bu yıl çoğu aile ekmek için yeterince tohum bulamadı.

Savaşın Etkileri
Toplam nüfus %16 düşmüştür.
Saban sayısı %50 düşmüştür.
Aşiret, zorunlu ihtiyaçlarını karşılamak için Hükümete 14.000 £T borçlanmıştır.

Toprağın Tasarruf Hakkı
Akçadağ'daki toprak sahipleri gelirin % 14'ünü vergi olarak öder. (Daha geniş bilgi için 'Kürecik Kürtleri Üzerine Not' kısmına bakınız.) Su, "Miri"dir.

EK: KÜRT DURUMUNA BAKIŞ

BİRİNCİ BÖLÜM: TARİH

Kürtler; Ksenophon'un *"Anabasis" Onbinlerin Dönüşü* adlı eserinde kendilerini çok rahatsız eden Kardukların torunlarıdır.

Çok eskiden Kürtler, Van Gölü ve Urmiye Gölü ile Irak'ın iki nehrinin çıkışına kaynaklık eden dağları ile Zagros Dağları arasında yerleşiktiler. Bu alanın güneyden sınırı yukarı Lur aşiretlerine dek uzanıyordu.

Bu savaşçı halk, etraflarındaki hükümetler yıkılınca kuzeye ve batıya doğru yayıldı. Günümüze kadar yaşamlarını bu alanlarda sürdürdüler. Sınırları, Doğubeyazıt, Erzurum, Erzincan ve Halep'in kuzeydoğusundaki dağlara varıyordu.

Kürtler, Orta Kürdistan diye tanımladığımız alanda güçlendiler ve yaşamlarını barış içinde sürdürdüler. Türkler her zaman Kürtlerin gücünü kırmaya muvaffak olmuşlardır. Yalnız son yüzyılda Rewanduz bölgesi huzurlu ve bağımsız yaşamıştır. Çünkü bu vilayet Osmanlı sınırları dışındaki Kürtlerin son vilayeti idi.

Öyle görülüyor ki, tarih açısından Kürt bağımsızlık ateşi Ermeni sorunundan daha eskidir. Çünkü Ermenilerin en son devletlerinin temelleri 14. yüzyılda yıkılmıştır.

İKİNCİ BÖLÜM: **DİL**

Araştırmalar ispatlamıştır ki Kürtçe, geniş ve müstakil bir dildir, Farsça ve Türkçe gibi... Kürt aşiretlerinin bölünüp dağılmasının ve literatürün olmamasının etkisiyle yeni Kürt dili birkaç kısma ayrılmıştır. Her birinin temelleri vardır. Ancak birbirlerine benziyorlar ve esaslı bir dil olup aynı temelden geliyorlar.

Türkler, Kürt dilinin yazı dili haline gelmemesi için çok çalışmışlardır. Kürtçe eserlerin basımı ve dağıtımı Osmanlı İmparatorluğunda yasaklanmıştı. Bu durum Kürt dilinin yazı dili olamamasının esas nedenidir. Şüphesiz eğer Kürt diline imkan tanınırsa ve okullar açılırsa bu dil hem gelişir hem de öğrenim için yeterli bir araç haline gelir.

Bazı yörelerde kendilerini korumak için Kürtler, Ermeniler, Nasturiler ve Süryaniler Kürtçeyi (Lingua Franca)* karışık biçimde kullanıyorlardı. Gerçekten de bazı Kürt bölgelerindeki Ermeniler Kürt dilinden başka bir dil bilmemektedirler.

Kürt ulusallığının dirilişi

Aşağıdaki bölümler, Millingen'in *"Kürtlerin İlkel Yaşantısı"* adlı 1870'te yayımlanan kitabından alınmıştır.

"İnsanı hayrete düşüren durum; tarih boyunca Kürt bölgesine yönelik tüm işgalci orduların saldırılarına ve vatanlarını yakıp yıkıp işgal etmelerine rağmen Kürtlerin, çevrelerindeki halklardan farklı olarak yarı bağımsızlıklarını ve ulusal niteliklerini koruyabilmeleridir. Tıpkı çok eskiden olduğu gibi

---

* Lingua Franca: Bir arada yaşayan farklı ulusların kullandıkları bir iletişim biçimi (karışık).

kalabiliyorlar. Olağanüstü garip ve dikkat çekici olan, bu insanların Bulgarlar, Çekler ve diğer uluslar gibi ne kralları ne padişahları ne de demirden veya alüminyumdan tacları yani ulusal birliği simgeleyen iftihar vesilesi mevkii ve nişanları olmamasına ve bütün bunlara rağmen Kürt ulusu olarak ayakta durabilmeleridir.

Kürtlerin tarih boyunca ne monarşik yönetim geleneği, ne de ulusal birliklerine temel teşkil edecek bir siyasal rejimleri olduğunu duyduklarında etnologlar ne der acaba? Fakat din, bu güçlü politik ve toplumsal bağları içeriyor. Tarihsel gelenekler, edebiyat, hatta okuma-yazma sanatı bu insanlar arasında hiç bilinmiyor mu? Yukarıda açıklandığı gibi Kürt ulusal varlığı tarihin eski devirlerinden beri var olmuş, tüm tarihi olaylara ve uzun zaman sürecinin aşındırmalarına rağmen ulusal yapıları imha olmamıştır.

Bu son yüzyılda Kürtler üç kez padişahın üzerlerindeki hegemonyasını kırıp bağımsızlığı hedeflemiştir.

1– Birinci Hareket: Rewanduzlu Mehmet Paşa liderliğindeki 1834 başkaldırısıdır. Her ne kadar Mehmet Paşa'nın amaç ve planları gizli olsa da gerçekte amacı vatanını Türk egemenliğinden kurtarıp bağımsız kılmaktı.

2– İkinci Kürt bağımsızlık hareketi Süleymaniye Emiri Ahmet Paşa tarafından gerçekleştirildi. Ahmet Paşa, piyade topçusu ve süvari taburlarından oluşan muntazam bir ordu oluşturmuştu. Bu gücüyle Bağdat'taki Türk [Osmanlı] yönetici paşanın üzerine yürüdü. Bu olay 1843 yılında gerçekleşti.

3– Üçüncü başkaldırı, ki en önemli harekettir, 1847'de gerçekleşti. Bu ihtilal Kürt ulusal önderi Bedirhan Bey tarafından gerçekleştirildi. Bedirhan Bey bir yandan Nasturilere hücum ederken öbür taraftan Ömer Paşa komutasındaki Türk kuvvetlerine saldırdı.

Her üç olay da Bab–ı Âli tarafından isyancılık ve bozgunculuk olarak değerlendirildi. Ulusal özelliği olmayan ve bağımsızlığı amaçlamayan hareketler olarak görüldü. Kürdistan'da olagelen bu ihtilalci hareketler son derece önemlidir. Herhangi bir bozguncu isyancı başıbozuk hareketten çok fark-

lı ve üstün niteliklere sahiptirler. Biri Kürdistan'ın güneyinde, ikincisi uzak batıda ve sonuncusu kuzeyde olmak üzere onbeş yıl gibi kısa bir zaman diliminde bu kadar muntazam ve düzenli askeri hareketler başka nasıl izah edilebilir?

Görünen odur ki bu ihtilal humması bütün halkın beynini ve şuurunu aydınlatmıştır. Kürt hareketinin önderleri olan Süleymaniyeli Ahmet Paşa, Resul Paşa, onların oğulları ve kardeşleriyle kurmuş olduğum derin ve yakın ilişki ve kişisel tecrübelerime dayanarak şu izlenimimi mubalağasız ve tereddütsüz ileri sürebilirim; ulusal duygu ve bağımsızlık isteği, diğer bütün halkların yüreğinde olduğu gibi Kürtlerin de gönlünde derin kökler salıp yeşermiştir."

Yukarıda yazılanlardan bu yana Kürt ulusu içinde birçok kanlı ulusal kurtuluş hakereti gelişmiştir. Şeyh Ubeydullah'ın 1886'da Acemlere saldırısı, Türklere karşı 1895'teki ayaklanma ve Türkler tarafından büyük bir vahşetle bastırılan Bitlis'teki kısır başkaldırı gibi.

ÜÇÜNCÜ BÖLÜM: **ULUSAL ÖZELLİKLER**

Talihsizliğe bakın ki Kürtler, Avrupa'da ilkel, barbar ve *"hayattaki tek işleri sadece Ermenileri öldürmek"* olarak biliniyorlar. Bu yanlış kanaat Avrupa'da yaygınlaşmış ancak Kürdistan'ı ziyaret eden Avrupalı seyyahlar dönüşlerinde Kürtlerle ilgili çok iyi izlenimler edinmişlerdir. İngiltere'de kilise yayın organları ve güçlü Ermeni cemiyetleri Kürtler için olumsuz bir kamuoyu oluşturmuşlardır.

İngilizler için en güvenilir polis teşkilatının ve devlet memurlarının Kürtlerden oluştuğu ispatlanmıştır. Dünya Savaşında Kürt işçi gruplarının çalışma verimleri ve çalışmaların olumlu sonuçları, Arap ve Acem işçilere kıyasla çok daha iyiydi. Kürtlerin İran'ın güneyindeki petrol kuyularındaki makinaları büyük bir ustalıkla kullandıkları görülmüştür. Bu işçiler şu anda, maden ocaklarındaki ağır makinaların çalıştırılmasında çok önemli görevler üstlenmişlerdir.

Amerika'da, Kürt göçmenlerin yeni toplumsal yaşama en

iyi uyum sağlayan insanlar olduğu çok iyi bilinen bir gerçektir.

Yukarıda verdiğimiz örneklerden de anlaşılıyor ki, Kürtler yeni uygarlığa ve çağdaş gelişmeye uyum sağlamakta çok yeteneklidirler. Ve bu bağlamda Kürtler, Türklerden, Araplardan ve Acemlerden çok daha üstündür.

Güvenilir ve uzman bir insanın kararı şu olur: Kürtler için kurulacak çağdaş ve güçlü bir hükümetin dünyaya sağlayacağı yarar, diğer bütün Doğu milletlerininkinden daha fazla olur.

DÖRDÜNCÜ BÖLÜM: **ERMENİLERLE İLİŞKİLER**

Esasen Kürtler ve Ermeniler arasında çok az fark vardır. Ancak talihlerini karartmak için önce Abdulhamit ve daha sonra da İttihat ve Terakki Cemiyeti bu iki ulus arasına kin, düşmanlık ve nifak tohumlarını ekmiştir. 1860'ta başlatılan düşmanlıktan önceki dönemde, Kürtler ve Ermeniler arasındaki sevgi, saygı ve dostane ilişkilere Ermenilerin bizzat kendileri tanıklık ediyor.

1865 ve 1915 yıllarındaki Ermeni katliamları tamamıyla Osmanlı fermanlarıyla gerçekleştirilmiştir. Diyarbakır'da bulunduğum sırada, Hıristiyan cemaatlerinin önderleri nezdinde yaptığım özel bir araştırmada, onlara Kürtlerle ilişkilerini sordum. Bana verdikleri cevap şuydu; *"Eğer Türklerin yıkıcı etkileri olmazsa bizim Kürtlerle hiçbir sorunumuz olmaz. İlişkilerimiz kardeşçe ve barış içinde sürer gider."*

Ermeni katliamı sırasında birçok örnekle ispatlandı ki; Kürtler, Türklerin, Ermenilerin katli ile ilgili birçok emri bilerek ve isteyerek uygulamamışlardır. Ayrıca birçok Ermeniyi sağ salim Rus sınırından geçirip katliamdan kurtulmalarını sağlamışlardır. Dersim Kürtleri, 25 binden fazla Ermeniyi bu şekilde kurtarmışlardır. Bu olayın raporu Ermeni gazetesi Jamanak'ta (sayı: 119, 2 Nisan 1919) yer almıştır.

Mütarekeden kısa bir süre sonra, Orta Kürdistan'da Rewanduz bölgesine bir gezi yaptım. Orada birçok Hıristiyan gördüm. Bunlar iki yıl önce Kürtler tarafından dağlarda muhafaza edilmişler. Sürgünden ve katliamdan kurtarıldıklarını anlatıyorlardı. Bununla birlikte Kürtler, Hıristiyanları içeren uzun bir listeyi bana verdiler ve onları koruyamadıkları için Irak'ta kurduğumuz göçmen kamplarına almamızı istediler. Çok şanslıydılar ki Kürtlerin eline düşmüşlerdi.

Kürdistan'da, Ermenilerin dışında Süryani ve Nasturiler de var. Kürtlerin bu iki topluluk ile ilişkileri her zaman iyi olmuştur. Fakat savaş sırasında Nasturiler, Rusların yanına geçince Kürtlerle dostane ilişkileri de bozuldu. Ancak şu anda Kürtler ve Nasturiler tekrar eski dostane ilişkilerini kurup yaşatabilecekleri inancındadırlar.

Hakkari'deki Hıristiyan Nasturilerin Kürt mü yoksa Aram ırkından gelen Hıristiyanlardan mı oldukları sorusu cevapsız kalıyor.

Kürt aydınları [Nasturi aydınları demek istemiş] belgelerle köken olarak Kürt olduklarını ispatlıyorlar. İslamiyetten önce Hıristiyanlığı kabul etmişler. Doğru olan ise, onlar da Kürtçe konuşuyorlar ve toplumsal yapıları aşiret ve kabilelerden oluşuyor. Tıpkı çevrelerindeki Kürtler gibi.

Kürtlerin eski bir atasözü var: *"Bizim aramızda (Kürtler Nasturiler) bir kıl kadar mesafe var. Fakat Ermeniler ile aramızda dağlar var."*

Dünya savaşının ilk üç yılında Rusların eline geçen Doğu vilayetlerinde yaşayan Ermeni ve diğer Hıristiyan halkların Müslümanlara yönelik 1915 Ermeni katliamı boyutlarında olmasa bile vahşette ona benzeyen bir katliamı gerçekleştirdikleri Avrupalılarca bilinmemektedir.

Bu kış Rewanduz'u ziyaretimde gördüm ki bu kent tamamen imha edilmiş. Ancak bu, Ruslar tarafından değil, onlarla birlikte gelen Hıristiyan askerler tarafından gerçekleştirilmiş.

Belek aşiretinin çok güzel yüz köyünden iki üç tanesinin dışında tümü yakılmıştır. Bradost bölgesinin Rewandok yöresine dek otuz köyden ne bir kadın ne bir çocuk ve ne de bir erkek kurtulmuştur, tümü öldürülmüştür.

Amerikalı bir Hıristiyan misyoner olan Dr. Usher'den (o sıralarda Van'da kalıyordu) öğrendiğimize göre, Dünya Savaşının ilk yıllarında, Türkler, Rus saldırılarından ötürü Van kentini boşaltırlar. Bunun üzerine henüz Ruslar kente girmemiş olmasına rağmen onbeş yaşlarında bir Ermeni genci eline baltayı alıp hastanedeki hasta ve sakatların hepsinin kafasını parçalar.

Dr. Usher der ki: *"Herkes bu bölgede şu gerçeği bilmelidir ki eğer Ermeniler engellenmese ve güç bulurlarsa Kürtlerden daha fazla kan dökücü ve vahşi olmasalar bile onlar kadar vahşi ve kan dökücüdürler."*

BEŞİNCİ BÖLÜM: **HAMİDİYE ALAYLARI**

Kürtlerin Avrupa'daki güzel ve temiz imajları Sultan Abdulhamid'in Kürtlerden oluşturup kurduğu *"Hamidiye Alayları"* ile kirlendi ve bozuldu. Hamidiye Alaylarının kurulmasının görünürdeki nedeni Hıristiyanlara karşı idi. Ancak esasta ve gerçekte Hamidiye Alayları, Kürtlerin gücünü kırmak, Kürt aşiretleri arasında düşmanlık yaratıp bundan faydalanmak ve Osmanlı'ya karşı Kürt birliğinin oluşmasını engellemek içindir.

Hamidiye Alaylarına sadece küçük aşiretlerin girme şansı vardı. Bundan amaç, küçük aşiretleri güçlendirip büyük aşiretlerin karşısına dikmek ve aralarındaki çelişkileri sürekli körüklemektir. Tabii bunun sonucu olarak da birliğin asla sağlanamamasıdır. Bu prensibin ayrıntıları *"Türkiye'nin Doğusu ve Asya Üzerine Askeri Rapor"* (Kaymakam Maunsell için cilt 4, sayfa 43) adlı eserde tümüyle açıklanmıştır.

Olayın özü şudur, Hamidiye Alayları, Hıristiyanlara zarar verdiği kadar Müslümanlara da zarar vermiştir. Şu gerçek hiç de şaşırtıcı değildir. Hamidiye Alaylarının bünyesinde çok sayıda ilkel ve vahşi aşiret bireylerine diledikleri her türlü vahşeti yapabilme yetkisi verilmişti.

Beyliklerden oluşturulan ve Mustafa Paşa yönetimindeki Hamidiye Alayları, ar ve namus açısından Müslüman halka o denli zulüm ve baskı uygulamışlardır ki halkta büyük bir kin ve nefret oluşmuştu. Nitekim 1908 hareketinde halk Urfa'da Abdulhamid'in heykelini kırdı.

ALTINCI BÖLÜM: **KÜRTLERİN ANLAŞILMASINDA GENEL BİR YANLIŞLIK**

Ermeniler, Kürtleri, Hıristiyanların katili, vahşi ve hatta dilleriyle bile iftihar edemeyen kişiler olarak tanıtmak istiyorlar.

Bizim bulgularımıza göre, Kürtçe geniş ve yetkin bir dildir. Kürtler de Ermenilerin katili değildir. Daha önce de söylediğimiz gibi birçok kez Kürtler Ermenileri Türklerden kurtarmışlardır. Deniliyor ki; ekonomik açıdan Ermeniler olmadan Kürtler yaşamlarını sürdüremezler. Ancak doğru olan şudur: Kürtlerin büyük çoğunluğu güneydoğu Kürdistan'da yaşamaktadır. Tüccar, zanaatkar ve dükkan sahiplerinin hepsi Kürttür. Ve ekonomik yaşantıları da problemsiz sürmektedir.

Ermeniler, Kürdistan'da kendileri dışındaki insanları farklı türlerden gösterme çabasındadırlar. Birinci kısım yerliler, ikinci kısım göçerler, üçüncüsü Kızılbaş ve dördüncüsü de Zazadır diyorlar. Bu çabanın nedeni, Kürtleri bir ulus olarak görmemektir. Bu ardniyetli' bölme çabalarının doğal olarak hiçbir bilimsel değeri yoktur. Bütün bu sayılan kesimler, Kürtçe konuşuyor, Kürt giysilerini giyiyorlar ve bir sorunu ortaklaşa çözüyorlar. Böylece yekpare bir Kürt ulusu oluşturuyorlar.

Ünlü Milan aşiret lideri İbrahim Paşa'nın oluşturduğu aşiretler birliğinin içinde bu yukarıda saydığımız kesimlerin tümü olmakla birlikte ayrıca Yezidiler de vardır.

Mark Sykes'ın *"The Calph's Last Heritage"* (Halifenin Son Mirası) adlı kitabının ekinde yaptığı açıklamalar ile yukarıda sıraladığımız bilgiler, parçalamaların yapay ve Ermeni iddialarının boş olduğunu ispatlıyor.

YEDİNCİ BÖLÜM: **TÜRKLER VE KÜRTLERİN FARKLILIĞI**

Savaş öncesinde Türklerin, Kürtlerin yoğunlukta yaşadıkları bölgelere otonomi taleplerini inkar amacıyla oluşturdukları *"Türkler ve Kürtler aynı kökenden geliyor"* tezi tamamen yanlış temellere dayanıyor. Eğer Kürdistan'a bir gezi düzenlenirse, Kürtlerin din faktörünün dışında, bütün özellikleri ile Türklerden çok farklı oldukları bütün yalınlığıyla ortaya çıkar. Aynı ölçülerde Hıristiyanlardan da farklıdırlar. Bir tek dağdaki Ermenilerle benzeşiyorlar. Yukarıda da belirlediğimiz gibi, Kürt ulusunun karakterinde Hıristiyanlarla ilişki kurmayı engelleyen hiçbir özellik yoktur. Birçok kez Kürtler, Hıristiyanları Türklerden korumak için perişan olmuşlardır.

Hiç unutulmaması gerekir ki Kürtler ırk olarak Aridirler ve Türklerden çok farklıdırlar.

Anlattığımız bütün bu farklılıklardan ötürü, Kürtler daima ulusal özelliklerini korumuşlardır. Hiçbir adetlerinin Türk adetleriyle benzeşmesini istememişlerdir. Bütün bunlar romanlara konu olacak özelliktedir. Ancak bunun için Kürtlerin arasında dolaşmak gerekir.

Türk devlet memurlarının gitmeye cesaret edemediği, bir tek Türkçe sözcüğün duyulmadığı, Türkler için herşeyin garip ve görülmemiş olduğu, Türk hükümet kurumlarının hiçbir değerinin olmadığı yerlerde bu iki ulus arasındaki farkın ne kadar büyük olduğu görülecektir.

Savaş sırasında Kürtler, Türklerin yanında bizimle savaşmayı kabul etmediler ve savaşmadılar. Gerçekte de savaşta önceleri bize yardım ettiler ve "yerli" ordumuzda askerlik yapıp hizmet ettiler.

Osmanlı ordularında Kürt asker sayısı çok azdı. Hamidiye Alayları ta savaşın başlarında savaşmayıp geri çekildiler.

Bu nedenle Türkler onları hain olarak görüyorlardı. Ve bir gün bunun intikamını almayı tasarlıyorlardı.

Türklerle Kürtlerin gerçek ilişkilerini, Türklerin Kürt sürgünlerini düzenleyen kanunda görmek mümkündür. Aşağıdaki bölümde bu kanundan bazı alıntıları örnek olarak sunacağız:

"Madde 8: Sürgün edilen Kürtlere vatanlarına hiçbir şekilde dönme izni verilmeyecektir. Savaştan sonra bile. Madde 9'da belirlenen yerlerde ikamet etmek zorundadırlar. Belirlenen alanlarda isimleri kaydedilecektir. Hiçbir sebeple oturdukları alanları değiştiremezler.

"Madde 12: Kürt sürgünler silahsız olmaları kaydıyla her biri üçyüz kişiyi aşmayacak şekilde küçük gruplara ayrılmalıdırlar. Aşiretler küçük parçalara bölünüp ayrı ayrı yerlerde ve o yerlerin yerleşik insanlarının %15'ini geçmeyecek sayıda iskan edilmelidirler.

"Madde 3: Aşiret liderleri, şeyhler ve halk arasında etkili olan diğer kişiler aşiretlerinden ayrı ve tercihen hükümetin denetiminin güçlü olduğu kent merkezlerinde iskana tabii tutulmalı ve halklarıyla ilişkilerine asla izin verilmemelidir."

SEKİZİNCİ BÖLÜM: **TÜRKLERİN KÜRTLERE YÖNELİK POLİTİKALARI**

Merkezi yönetim Türklerin elinde olduğu için her zaman Kürt varlığını inkar etmişlerdir. Bütün resmi raporlarda *"Kürt"* sözcüğü yerine *"Müslüman"* terimini kullanmışlardır.

Bütün Kürtçe yayınları yasaklayıp, Kürt derneklerini kapattılar ve Kürt önderlerini hapse attılar. Daha önce de birçok Kürt yurtseverini gizlice idam etmişlerdi. 1915 yılında hükümet, Kürtleri batı vilayetlerine sürgün kararı verip ayrıca onların toplu halde bir arada değil, Türkler arasında dağıtılmaları konusunda talimat vermişti. Amaçları, Kürtleri bir an önce Osmanlılaştırmaktı. Bu şekilde birçok Kürt askeri baskılarla topraklarından uzaklara sürüldü.

Mütarekeden kısa bir zaman sonra, iktidardaki Osmanlı partisi (İttihat ve Terakki Cemiyeti) Kürtlere, Osmanlı koruması altında bağımsızlık sözü verdi. Ancak Kürt liderler, Türkleri çok iyi tanıdıkları için bu yalana inanmadılar. Türklerin şimdilik bu projeden vaz geçtikleri görülüyor. Ancak İzmir olayından sonra bir başka projeyi gündemlerine almışlar. Bu da *"İslam Birliği"* projesidir. Türklerin hedefi; Ermenilerin kötü emellerini tehdit unsuru olarak kullanıp Kürtleri yanlarına çekmekti. Bunun için Kürt önderleri ve aydınları ile değil, sadece cahil halk nezdinde bu propagandayı yapıyorlardı. Kürtlerin önder ve aydınlarıyla tamamen ilişkilerini kestiler.

İngilizlere sempati duyan İstanbul'daki Bedirhaniler ve Seyid Abdulkadir gibi Kürt eşrafı Türklerin bu propagandasını engellemeye çalıştı. Çünkü bu propagandanın cahil halk içinde etkili olabileceğini ve bunun da daha sonra Kürtleri Avrupa karşısında zor duruma düşüreceğini görüyorlardı. Bu önemli şahsiyetler, çabalarının İngilizler tarafından desteklenmemesinden derin üzüntü duyuyorlardı.

Ermeni sorunundan çok daha güçlü olan Kürt ulusal sorununa olan ilgisizliğimiz ve bu meyanda Ermeni sorununa çok açık olan ilgi ve desteğimiz bu önemli şahsiyetlerin bizden epey sitem etmelerine neden olmuştur.

DOKUZUNCU BÖLÜM: **KÜRTLERİN İSTEKLERİ**

Ulusal gelişmelerini sağlayabilmek için yaşadıkları topraklar üzerinde bağımsız bir hükümetlerinin olmasını istiyorlar.

Bu raporun ekinde sunulan haritada* etnolojik esaslar dahilinde Kürtlerin yaşadığı alanlar mavi çizgilerle belirlenmiştir. Haritada mavi çizgilerle çevrili alanda tamamen Kürtler yaşıyor, ancak Ermeniler bu alanların kendilerine ait olduğunu iddia ediyorlar. Haritada gri çizilen alanlar Kürt yerleridir ancak Irak alanı ile bütünleşmiş. Haritada-

* Raporun Kürtçe ve Arapça çevirisinde sözü edilen harita yok. (–ed. n.)

ki yatay çizgilerle işaretlenen alan İran bölgesinde kalan Kürtlere aittir. Haritanın yukarısında yer alan Ermenistan'dan Irak'a kadar uzanan ve etrafı kırmızı çizgi ile çevrili alan tamamen Kürtlere ait olup, Ermenilerin bu alanda hiçbir iddiaları yoktur. Eğer bu alanın bir bölümü Ermenistan'a bırakılsa bile geriye kalan Kürdistan'ın Türk hegemonyasında bırakılmaması gerekir. Ya Irak'a dahil edilmeli ya da bağımsız olmalı. Bu iki şık da pek çözüm değil. Irak sınırlarının genişletilmesi pek arzulanmayan bir durumdu. Ancak, sınırları Ermenistan, İran ve Irak'la çevrili bu geniş Kürt coğrafyasında bağımsız bir Kürt devletinin kurulması da zordur.

ONUNCU BÖLÜM: **ETNİK OLARAK KÜRT SINIRLARI**

Güney Sınırı: Bağdat demiryolunun Fırat ve Musul hattı. Araplar ve Kürtler arasındaki etnik sınır Musul'dan Hanıkin'in güneydoğusundaki dağ silsilesidir.

Doğu Sınırı: İran sınırından Sakız'a oradan Çağatay ırmağını takip edip Urmiye Gölüne ve oradan da Rus sınırına ulaşmaktadır, Ararat Dağı yakınlarına kadardır.

Kuzey ve Batı Sınırı: Bu iki sınır ile ilgili derin araştırma yapma fırsatım olmadı. Ancak elimdeki bilgilere göre bu iki sınır, 39. enlem ve 39. boylamların bitişindedir.

2901 sayılı ve Savaş Dairesi'nce hazırlanıp Kraliyet Coğrafya Cemiyeti tarafından yayımlanan haritada, Türkiye'nin Küçük Asya'nın doğusundaki etnik dağılımın esas alındığı çizimde Kürtlerin üzerinde yaşadığı alan çok net belirlenmiştir. Bu savaş öncesi durumdur.

Ahali: Şu ana kadar güvenebileceğimiz bir genel nüfus sayımı yapılmamıştır. Savaş Raporu'nun 4. cildinde Türkiye'nin Asya bölümünün doğusunda bir milyon üç yüz bin aşiret üyesinin tam listesi yer almaktadır. Ancak yerleşik Kürt halkı bu sayının dışındadır. Fakat biz savaş öncesi Kürt nüfusunu şöyle tahmin edebiliriz:

Türkiye Kürdistanı: 3.500.000
İran Kürdistanı: 1.500.000
Rus işgalinden sonra Ermenilerin uyguladığı katliamdan bu sayının ne kadarının hayatta kalabildiğini tahmin etmemiz zordur. Her alanda uygulanan katliamda Başkale'nin 180 köyünden sadece yedisi kalabildi.

ONBİRİNCİ BÖLÜM: **KÜRT ULUSAL TALEPLERİNİN GERÇEKLEŞMESİ İÇİN YARDIM ETMEMİZİ GEREKLİ KILAN BAZI NEDENLER**

Şu anda Kürdistan'da iki hakım eğilim var. Birincisi İslam birliği, ikincisi ulusal sorun. Ulusal düşüncenin yaygınlaşmasının İslam birliği düşüncesinden daha çok yararımıza olduğu aşikardır. Ancak Türkler, İslam birliği düşüncesinin yaygınlaşmasını daha çok istiyorlar. Bunun için de Türklerin elinde, İzmir sorunu gibi güçlü bir propaganda aracı vardır. İtilaf devletlerinin Yunanlıların İzmir örneğinde olduğu gibi Ermenileri de Kürdistan'a getirip Kürtleri onların boyunduruğuna sokacağına inandırılmışlardır. Daha önce belirttiğim gibi, Kürtler, Ermenilerin eline fırsat geçerse kafalarını keseceklerini çok iyi biliyorlar. Kürtlerin bu derin kin ve korkuları Ermenilerin boyunduruğu altına girmektense onlarla savaşmayı tercih etmelerine neden oluyordu. İstisna dönemlerin dışında genel olarak Kürtler pek öyle muhafazakar Müslüman değildirler. Ancak İslamiyet onları etkilemiştir. Eğer gerçek anlamda eğitim ve öğretim imkanına kavuşurlarsa Kürtlerin ılımlı Müslüman olmalarında ümit var. Bu gerçeklere dayanarak diyebiliriz ki Kürdistan İslam birliği için pek uysal bir alan değildir. Eğer yanlış Ermeni politikalarının desteği olmazsa, İslam birliği düşüncesi hiçbir zaman Kürdistan'da kök salamaz. Güçlü bir hükümet ve yaygın bir eğitim imkanı sağlanırsa hem gelişme sağlanır hem de Kürtlerin Irak ve siyasi Kafkaslar arasında çok güçlü bir tampon olması ümidi vardır.

Bu raporun başlangıcında görüldüğü gibi, Ermeni ulusal

talepleri, destek ve arzusu, bir Ermeninin on Kürde tahakküm etmesidir. Ancak bu arzunun tam tersi daha gerçekçi ve bilimseldir. Çünkü Kürdistan'ı dolaşan bütün İngiliz seyyahlarının gözlemlediği gibi Kürt insanının yiğitliği Ermeniden çok üstündür. Yalnız hile, desise ve ekonomik güç bakımından Ermeniler onlardan üstündürler. Ümit odur ki bu anlattıklarımız güçlü ve inandırıcı belgeler olarak değerlendirilir. Her bakımdan düşük ve sayı bakımından çok az olan bir azınlığa yardım bağlamında değerlendirilip bir yanlışlık yapılmamasıdır.

ONİKİNCİ BÖLÜM: **RUSLARIN AMACI**

Rus İmparatorluğundaki yeniden yapılanmayı asla gözden uzak tutmamamız gerekir. Geçmişteki Kürt ulusal hareketlerine Rus imparatorluğu güçlü biçimde destek vermiştir. Rus Genel Kurmay'ının 1917'de hazırladığı raporları elime geçti. Bu raporlardan edindiğim düşünceye göre Ruslar, Kürtlerle Ermenileri dengelemeye çalışıyordu. Ermenilere verdikleri ve sadece sözde kalan vaatler olmasına rağmen, esas niyetleri Ermenilerin almaya çalıştığı ve üzerinde Kürtlerin yaşadığı toprakları Ermenilere kazandırmak değil.* Uygun koşullar oluştuğunda Ruslar eski ve temel politikalarını sürdürürler. Daha önce, Kolçak (Kulhiyama) yetkililer Paris'te, Ermeniler için Fransızlardan manda talebinde bulunmuşlardı.

Kürdistan'ın Irak'a olan coğrafi yakınlığı ki bu durum ilişki kurmayı kolaylaştırıyor, yönetimimiz altında birçok Kürdün bulunması, Kürt sorununa bir an önce çözüm bulmamızı, hem Rusların Kürdistan'a yönelik emellerinin önüne geçilmesi hem de çıkarlarımızın güvenliği açısından gereklidir.

---

* Ruslar 1916 yılında Bedirhan ailesinden bazı kişileri Erzurum ve Bitlis valiliğine tayin etmiştir. (*–y.n.*)

ONÜÇÜNCÜ BÖLÜM: **DAVALARINA DESTEK BULMAK İÇİN ERMENİLERİN TERSYÜZ ETTİKLERİ GERÇEKLER VE DÜZENLEDİKLERİ SAHTE RAPORLAR**

Uzun zamandan beridir Ermeni sorunu dünya kamuoyunun gündemindedir. Ancak Ermeni yalanlarını ve Kürt sorununu dünya kamuoyuna duyuracak ve açıklayacak kimse çıkmamıştır. Ermeniler tarafından, savaş öncesinde içinde bulundukları kötü durumu anlatan birçok rapor düzenlenmiştir.

Boghos Nubar'ın yazdığı "*Barış Kongresi için Ermeni Sorunu*" adlı küçük el kitabının 14. sayfasında belirtildiğine göre "*Türk hükümeti Ermenileri küçük ve önemsiz bir azınlık olarak göstermek için nüfus sayımlarında her zaman Ermeni nüfusunu kasıtlı olarak yanlış ve düşük göstermiştir.*" Bu zatın düşüncelerinin yanlış olduğu, Ermeni sorunu ile ilgilenen hemen herkes tarafından kolaylıkla anlaşılır.

Savaş öncesinde Türk nüfus sayım kütüklerinde Ermeni nüfusu rakamları kayıtlıdır. Ve o dönemde de Hıristiyan nüfusu az göstermek için hiçbir sebep yoktu. Bu sayımlar ve rakamlar doğrudur. Çünkü kütüklerdeki bu kayıtlar vergi tahsilatı ve askerlik bedellerinin tahsili için esas alınıyorlardı. Bunun için mümkün mertebe Hıristiyan nüfusu doğru tespit etmeye çalışıyorlardı.

Türk nüfus kayıtları incelendiğinde İslam olanların sayısının Hıristiyanlara oranla çok daha az gösterilmek istendiği görülecektir. Çünkü; Hıristiyanlar genel olarak sayımların kolay olduğu kentlerde yaşayanlardır. Fakat Müslüman halkın büyük çoğunluğu sayımın çok zor hatta zaman zaman imkansız olduğu yolu olmayan uzak köylerde ve ulaşımı çok zor olan dağlık bölgelerde yaşıyorlardı. Türkler hiçbir zaman göçebe Kürtlerin sayımını yapamamıştır. Bundan ötürü bunların sayıları hiçbir zaman nüfus sayımlarında yer almamıştır.

Benim tespit ettiğim gerçeklere göre Türk nüfus sayımlarında %20 ila 40 arasında noksanlık vardır. Bu noksanlığın büyük bölümü Kürtlerin payına düşmektedir.

Ermeni Sorunu'nun nüfus ile ilgili birinci listesinde, Diyarbakır vilayetinin yukarı kesimindeki Ermeni nüfusu şöyle belirtiliyor:

Türkler	45.000
Kürtler	55.000
Ermeniler	105.000
Yakubiler	60.000
Yezidi	4.000

Bu sayımların Ermeniler tarafında bilinçli olarak ve sahtekarca hazırlandığı kesin bir gerçektir. Bu listede Ermeniler kendileri dışındaki halkı; Türk, Kürt, Kızılbaş ve Yezidi olarak bölerek yazmışlardır. Ancak gerçekte o yörede Türk yoktur. Ayrıca Kızılbaşlar ve Yezidiler de Kürttürler. Bu gerçek, yöreyi gezen bütün İngiliz seyyahları tarafından çok iyi bilinmektedir. Özellikle, Kürdistan'da 7500 mil dolaşan Sir Mark Sykes'ı tanık olarak gösterebilirim. (Bakınız Mark Sykes, *"Halifenin Son Mirası"* adlı kitabın Ek'inin *"Kürt Aşiretleri"* bölümü.) Ermeniler bu listede Türk, Kürt, Kızılbaş [Listede Kızılbaşlar geçmiyor] ve Yezidilerin toplamını 131.000 olarak göstermiş, ancak yaptığım uzun ve derin araştırmalarımın ortaya çıkardığı gerçeğe göre bunların savaş öncesi sayıları en az 400 bindir. İlginçtir, benim bu rakamsal belirlemem, Berlin Muahedesinden sonra Sait Paşa, Jan Baker ve Minas Efef (Ermenilerin saygıdeğer bir kişisi) tarafından 1880'de yapılan nüfus sayımında belirledikleri rakamla aynıdır.

Ermenilerin, Hıristiyan toplumunun nüfusu ile ilgili tüm rakamları doğru olmayan sayılardır. Ermeniler savaş öncesi Ermeni nüfusunu gösteren bir liste getirdiler bana. Bu listede 17.800 Ermeni ailesi kayıtlıydı. Her aileyi beş kişi olarak kabul edersek bu sayı 89 bin olur.

Süryani Matranı tarafından verilen listeye göre bölgede 3500 Yakubi ailesi yaşamaktadır. Bu da 17.500 kişi civarındadır. Bu durum Boghos Nubar'ın Yakubi nüfusunu 60.000

göstererek ne kadar mubalağalı ve yanlış bilgi verdiğinin kanıtıdır.

Genel Kurmay'ın Tiflis'te 23 Nisan 1919'da yayımladığı raporda sayıları 300 bin olan ve daha önce Türkiye'den kaçan Ermenilerin tekrar Türkiye'ye dönmek istedikleri yazılıyor. Muhtemelen bu rakam Ermeni kaynaklarından alınmıştır. Ben İstanbul'da Amerikan Yakındoğu Yardım Misyonu'nun (American Commission of Relief To The Near Eevest) Türkiye'den kaçıp Kafkasya'ya giden ve tekrar Türkiye'ye dönmek isteyen Ermenilerle ilgili üç raporunu inceledim. Üç raporda da sayılar aşağıdaki gibidir:

1. Rapor: 263.000
2. Rapor: 120.000
3. Rapor: 100.000

Bu durumda her üç raporun ortalamasını alırsanız 161.000 rakamı çıkıyor.* Bu sayı bile Rus Genel Kurmayı raporunun yaklaşık yarısı kadardır. Bu komisyonun bir başka raporunda der ki, *"Ermeniler ısrarla Viladivostok'ta 60 bin göçmen Ermeninin olduğunu iddia ediyorlardı. Ancak adı geçen kentte yaptığımız incelemede yalnızca 1200 Ermeninin olduğunu saptadık."* Bütün bu örnekler, Ermenilerin nüfusları konusunda verdikleri bütün rakamların doğru olmadığını gösteriyor.

ONDÖRDÜNCÜ BÖLÜM: **ERMENİLERİN 'BÜYÜK ERMENİSTAN'IN BİR PARÇASI SAYDIKLARI YERLERDEKİ ERMENİ VE KÜRT SAYILARI**

Bizim üzerinde araştırma yaptığımız yerler, haritada mavi çizgilerle belirtilen yerlerdir. Buralar, Diyarbakır vilayetinin yukarı bölümü, Elaziz, Bitlis ve Van vilayetleridir. Şu ana kadar bu son üç vilayeti gezip görme fırsatım olmadı. Yukarıda değindiğim Diyarbakır bölgesinde Ermenilerin

---

* Lord Masgor'un, Mart 1918'e kadar Kafkasya'da kalan bir misyonerin açıklamasına göre o dönemde Kafkasya'da, Türkiye'den gelen Ermeni göçmenlerin sayısı 200.000'dir. Ancak o dönemden bu yana ölümler çok yaygındı. *(–y.n.)*

verdikleri rakamların yanlışlığından ötürü bu vilayetlerde de Ermenilerin verdikleri sayılara itibar edemeyiz. Aşağıdaki çizelge dört ayrı kaynaktan alınmış ve Van vilayetindeki nüfus dağılımını göstermektedir.

	1905 yılında Türklerin yaptığı nüfus sayımı	Ermenilerin iddiası	1897 Fransız sayımı	(...)*	Ortalama
Türk	170.000	47.000	241.000	247.000	196.000
Kürt		55.000			
Ermeni	68.000	180.000	80.000	80.000	103.000
Diğer Uluslar	12.000	46.000	109.000	98.000	66.000
Toplam	250.000	350.000**	430.000	435.000	365.000

5. Sütundaki sayım ve döküm ve dağılım birçok araştırmaya göre gerçeğe en yakın olanıdır. Bu sütundaki 196.000 Türk ve Kürtten 180.000'i Kürttür. Bu rakamı Tiflis'teki Rus Genelkurmayı belirlemiştir. Aynı yöntemle Mamurat-ül Aziz ve Bitlis vilayetleri için araştırma sonucu çıkarılan nüfus sayım ve dökümü çizelgesini sunacağım.

	1905 yılında Türklerin yaptığı nüfus sayımı	Ermenilerin iddiası	1897 Fransız sayımı	(...)[1]	Ortalama
Türk	300.000	40.000	254.000	257.000	238.000
Kürt		132.000			
Ermeni	119.000	180.000	131.000	134.000	141.000
Diğer Uluslar	8.000	30.000	13.000	9.000	15.000
Toplam	437.000	382.000	398.000	400.000	394.000

5. Sütundaki 238.000 Kürt ve Türkten 230.000'i Kürttür. Tiflis'teki Rus Genelkurmayına göre.

---

* Rapordan bu bölümün kim veya kimler tarafından yapılan sayım olduğu okunamadı.

** Bu sütundaki toplamda 22.000 sayı eksiktir. Ancak bu yanlışın toplamadan mı yoksa yatay unsurların herhangi birinin rakımında mı olduğu belli değil.

Aynı yöntemle Mamurt–ül Aziz için nüfus sayım, döküm ve dağılım çizelgesi.

	1905 Türk sayımı	Ermenilerin iddiası	1897 Fransız sayımı	(...)	Ortalama
Türk / Kürt	446.000	102.000 / 175.000	505.000	504.000	433.000
Ermeni	88.000	168.000	70.000	69.000	99.000
Diğer Uluslar	4.000	5.000	1.000	7.000	3.000
Toplam	538.000	450.000	575.000[1]	574.000*	535.000

5. Sütundaki 443.000 rakamının içinde Türklerin sayısının 100.000'i geçmesi mümkün değil. Bu alanda Türklerle Kürtlerin kesin ayrımını yapmak zordur. Ancak bu vilayetin batısında bir miktar Türkün yaşadığı mümkündür.

Diyarbakır, Mamuratül Aziz, Bitlis ve Van vilayetlerinin %80'i Kürt olmasına rağmen, Ermeniler buraları *"Büyük Ermenistan"*ın bir parçası olarak görüyorlar. Eğer Barış Kongresi, Ermenilerin bu konudaki taleplerini dikkate alırsa bu demektir ki 1.143.000 kişilik Kürt kitlesi 430 bin kişilik Ermeni topluluğunun boyunduruğuna girecektir. Bu sayılar savaş öncesine aittir. Şu anda eğer bütün Ermeni göçmenler eski yerlerine dönse bile, sayıları hiçbir zaman 100 bini bulmaz.

Ermeniler, yaşayan ve ölmüş olan tüm Ermenilerin sesinin dinlenmesini istiyorlar. Bu tavır, Ermenilerin, kendilerine katliam uygulayan Türklere karşı çok derin olan kininin sonucudur. Ancak eğer bu düşmanlıklarını Kürtlere yöneltirlerse bunda iki nedenden ötürü başarılı ve güçlü olamazlar.

Birinci neden: Ermenilerin Kürtlere yönelik katliamları büyük bir Kürt kitlesinin yok olmasına neden olmuştur. Bunun inkarı imkansızdır. Ermenilerin imha ettikleri Kürt

* Çizelgenin 3. ve 4. sütunları yanlış toplanmış.

yörelerini gözlerimle gördüm.

İkinci neden: Hiçbir zaman Kürtler, Ermeni soykırımından sorumlu tutulamazlar. Bu durum Türklerin dayatmasıyla olmuştur. Türklerin baskısı olmadığı zaman Kürtler, Ermenilerle çok iyi dostluk kuruyor ve çoğu zaman onları ölümden kurtarıyorlardı. Ermenilerin kendileri bunu çok iyi biliyorlar. Bu nedenle Majestelerinin Hükümeti Kürtleri bu konuda suçsuz bulmuştur.

ONBEŞİNCİ BÖLÜM: **KÜRDİSTAN'DA AMERİKAN SİYASİ MİSYONU'NA VERİLECEK DESTEĞİN SAKINCALARI**

İngiliz subaylarının çok azının Doğu vilayetlerinde yaşayan halkın yaşam tarzı, sorunları ve dertleriyle ilgili bilgileri vardır. Ancak Amerikalı misyonerler, savaş öncesinden bu alanda bulunduklarından dolayı bu konulardaki bilgileri daha çoktur.

Dr. Usher, daha önce, Van vilayeti ve geri dönen göçmenlerle ilgili bir rapor yayımladı. Ayrıca Usher Paris'e gidip konuyla ilgili görüşlerini Barış Kongresi'ne aktardı. Dr. Usher'in üzerinde durduğu önemli noktalardın birisi şuydu: Usher'e göre Britanyalı memurların bu bölgede mutlaka görevlendirilmeleri gereklidir. Görülüyorki Majestelerinin Hükümeti farkında olmadan, Amerika'nın bölgedeki politikalarına alet oluyordu.

Ortadoğu'daki çıkarlarımızdan ötürü bölgedeki Ermeni ve Kürt sorununa tarafsız kalmamız mümkün değil. Ayrıca Amerikalı misyonerlerin çözümlerinin etkisinde kalmamamız gerekir.

Amerikalı misyonerlerin politikalarının İslam ülkelerinde, İngiltere çıkarlarına uyup uymadığı açıklığa kavuşmamıştır. Kahire'de 1906'da bu misyonun birinci kongresinde bu konuyla ilgili politikaları açıklığa kavuşuyor. Bu kongreden bazı paragrafları aşağıda aktarıyoruz.

İran'da İslam: Sunan W. St. Clair Tisdall; *"Şu anda İran'*-

da güçlü ve açık bir Hıristiyan karşıtı İslam politikası vardır. Bu koşullar bizim İran'daki çalışmalarımızda büyük güçlükler çıkarıyor."

Belucistan'da İslam: Sunan; A. Duincan Discay: *"Şu anda Hükümet din sorununda tarafsızdır. Ancak devlet memurları zaman zaman Müslümanlara yardımcı oluyorlar ve Kur'an dersleri veren okullara yardım ediyorlar."*

Sumatra'da İslam: Sunan; C. K. Siman: *"Müslümanlar hiçbir zaman Hıristiyan bir hükümetin ardından gitmez. Sumatra'da İslamı uygar göstermeye çalışan güçlü bir eğilim vardır."*

Mısır'da İslam: Sunan; Andrew Waston: *"Tereddütsüz diyebilirim ki Britanya'nın yaptığı ihtılal İslamı zayıflatmaktan çok güçlendirmiştir."*

Asya'da İslam: Sunan; S. M. Rywemer: *"Hıristiyan misyonerler için Aden hükümeti müsait değildir."*

Yukarıdaki spotlar, İngiliz ve Amerikan misyonerlerinin Müslüman ve Hıristiyanlara bakışları arasındaki farklılığı çok açık ortaya koyuyor.

Dr. Usher Ermenileri çok seviyor, çünkü Ermeniler Hıristiyandır. Ve Kürtlerden üstün görüyor, çünkü Kürtler Müslümandır. Ancak Britanyalı gezginler din faktörünün etkisinde kalmadıkları için Kürtleri Ermenilerden üstün görüyorlardı. Dr. Usher Kürt ulusunun değil Ermenilerin tarafının tutulmasını istiyor. Açıkça iddia ediyor ki eğer bir Ermeni hükümeti kurulursa Kürtler de Hıristiyan olurlar.

Benim görüşüme göre eğer Majestelerinin Hükümeti böyle bir düşünceyi paylaşırsa büyük bir hata yapar ve önemli zararlara yol açar.

ONALTINCI BÖLÜM: **İRAN KÜRDİSTANI**

İran'ın batı sınırında uzunluğu 300 mil ve genişliği 50–100 mil arasında değişen bir bölgede çoğunlukla Kürtler yaşamaktadır. Bu bölge ahalisi bir ila iki milyon arasında tahmin edilmiştir. Yukarı yarısında Sünni Kürtler, aşağı yarısında da Şii Kürtler yaşamaktadır. Sünni Kürtler diğer Kürtlerle ilişkilidir. Şii Kürtler ise mezhepdaşları olan İranlılarla ilişkilidir. İranlılar Ari oldukları için Kürtlerle ilişkileri her zaman Türklerle olan ilişkilerinden daha iyi olmuştur. Eğer Kürt ulusal talepleri yerine getirilmezse muhtemelen daha çok İran'a yakın politikalar izleyeceklerdir. Geçmiş dönemlerde Sanandaj civarındaki Kürt önderler önemli ölçüde İran'ın etkisine girmişlerdir.

Mütarekeden sonra İran Kürdistanı'nda ulusal bilinçlenme açısından çok güçlü bir aydın hareketi oluşmuştur.

Ulusal birliğin temel ilke ve prensiplerini öğrenmek için birçok Kürt, Süleymaniye'den İran'a gitmişlerdir. Bu baharda Kürtler, Sanandaj'daki İran genel valisine saldırdılar. Ancak bu hareket ne ulusal ne de düzenli bir hareketti. Dağınıktı. Ünlü Şıkak aşireti reisi Simko, kuzeydeki Urmiye kentinin İranlı valisini ve komşu kenti de ele geçirdi.

1876 yılında binlerce Kürdün önderi olarak İran'a saldıran ünlü Şeyh Ubeydullah'ın torunu Seyid Taha Mayıs ayında Bağdat'ı ziyaret edip İngilizlerin Irak Genel Valisine şu öneride bulundu: *"İran Kürtlerinin bütününü kapsayan bir Kürt birliği kurmamız gerekir."* Daha sonra şöyle devam etti: *"Cereyan eden bu tabii hareketlerden sonra İngiliz hükümeti de karşı çıksa İran'dan artık ayrılmalıyız."* Temmuz ayında aldığımız haberlere göre Rewanduz'un kuzeyindeki Kürtler Urmiye'deki Kürtlerle birleşmek istiyorlar. Öyle anlaşılıyorki, İran Hükümetine yapacağımız yardım, Irak'ın kuzey sınırında yaşayan bütün Kürtlerle ilişkilerimizi çok kötü etkiler.

İran Kürdistanı'nın kuzeyindeki bu yeni ulusal birlik hareketinin, doğal ulusal ve ekonomik temellere dayandığı anlaşılıyor. Ancak İran'ın karşı hareketi doğal esaslara dayanmıyor. Bundan ötürü İran politikalarına yardım etmekten uzak durmamız gereklidir. Çünkü böyle bir yardım Kürtlerle dostluk ilişkilerimize zarar verir.

ONYEDİNCİ BÖLÜM: **KRALLIĞIMIZIN EGEMENLİĞİNDEKİ IRAK KÜRDİSTANI**

Bağdat'taki Irak Genel Valisinin 13 Haziran 1919 tarih ve 6666 sayılı telgrafında *"Zaho, Erbil, Akra, Koysancak ve Süleymaniye Irak'ın içinde kalmalıdır. İki nedenden ötürü. Bir; bu bölge savaş ekonomisi açısından çok önemlidir. İki; bu bölge halkı Kürt Hükümetinin yönetimine girmek istemiyor.*

"Adını zikrettiğimiz bölgelerin halkı çoğunlukla Kürttür. Kürtlerin görüşüne göre buralar Küdistan'ın en münbit ve zengin bölgeleridir, ancak diğer bölgelerde, Turabdin gibi, Kürtlerin dışında Yakubiler de yaşıyor ve buralar pek o kadar zengin olmadıkları gibi ekonomik açıdan da Irak için o kadar önemli değil, ayrıca Kürt Hükümetinin hükümranlık alanına da giriyor. Irak'ta mazbut bir hükümetin kurulması ve yöre halkının bu hükümetle düzenli ilişkileri bu münbit alanda yaşayan halkın ekonomik vs çıkarlarına daha uygun olduğu bu bölgede yaşayan Kürt halkının düşüncesi olduğu kanaatindeyim. Öyle anlaşılıyor ki bu bölgenin Kürdistan'dan ayrılması gerekiyor."

Böyle çok problemli bir politikayı kabul etmek şüphesiz hiç kimseyi memnun etmez ve kabul görmez. Öyle temel bir çözüm şekli bulunmalıdır ki savaş, hem Irak'a ekonomik fayda sağlasın hem de Kürt halkının meşru ulusal haklarını engellemesin.

ONSEKİZİNCİ BÖLÜM: **KÜRT VE ERMENİ ULUSAL TALEPLERİNİ BAĞDAŞTIRAN BİR BAKIŞ ÖNERİSİ**

Konunun temelindeki en önemli sorun, bugüne kadar Avrupa özellikle İngiltere ve Amerika'da, Ermeni talepleri o kadar çok dinlenmiş ki bunları gerçekçi ve mantıklı esaslarla bağdaştırmak mümkün değildir. Ermeni gazabının sırrı bir Ermeninin iki Kürde hükmetmesidir. Bizim önerdiğimiz çözüm bu iki ulusun, ulusal sorunlarını çözmeyi amaçlamaktadır. Biz hem Ermenilerin hem de Kürtlerin ulusal amaçlarına inanıyor ve saygı gösteriyoruz. Ancak bu sorunun sağlıklı çözümü için, Ermenilerin *"Büyük Ermenistan"* düşüncesinden vazgeçmeleri gerekiyor. Bu bölgeye ya *"Doğu vilayetleri"* denilmeli veya *"Ermenistan ve Kürdistan"* denilmelidir. Sınırlar ayrılmadan coğrafi ilişkilerin çözümünü daha ileriki bir tarihe bırakmak lazım. Çünkü bu topraklar çok karışık ve yıkılmış bir haldedir. Bu nedenle bir süre birleşik yaşamalıdır ki bu halklar hem ekonomik açıdan güçlensin hem de toplumsal ve siyasal stabil hale gelsin ki daha sonra sağlıklı bir ayrılma programı veya çözümü uygulayabilsinler.

Böyle bir projeyi uygulayabilmek için bu altı vilayetin bir gücün yönetimi altında bulunması gerekiyor. İdari bakımdan üç ayrı bölgeye ayrılmalıdır. Aşağıdaki bölgede tamamen Kürtler yaşamaktadır. Orta bölgede ise savaş öncesinde farklı halklar yaşıyordu ve üçüncü bölge, yani yukarı bölge, burada Kürt yoktur. Bu üç bölgede ulusal hedeflere ulaşılabilmesi için temel idari ve eğitim kurumlarının açılması gerekir. Bu üç bölgenin her birinde yerel yönetimler, yerel hükümetler olabilir veya her üç bölge dışarıda bir gücün yönetiminde olabileceği gibi yönetim merkezi orta bölgede olabilir.

Bu üç bölgenin idari yapıları aynı olmalıdır. Ancak ulusal farklılıklardan ötürü ulusal özellikler gözönüne alınıp kısmi yasal farklılıklar da uygulanabilir. Orta bölgede kurulacak okullarda hem Ermenicenin hem de Kürtçenin okutulması lazım. Jandarma ve devlet memurlarının sayısı Ermeni ve Kürt nüfusuna göre belirlenmelidir. Bu şekilde umud edilir ki 20 ila 30 yıl içinde bu bölge kendi kaderini tayin edebilecek seviyeye gelir.

Unutulmamalıdır ki böyle bir programın uygulanabilmesi için bölge önemli askeri güce sahip bir otoritenin yönetiminde olmalıdır.

Eğer bu formül uygulanmazsa alternatif olarak kolonel Wilson'un 13 Haziran 1919 tarih ve 6666 sayılı telgrafında önerdiği iki çözüm şekli uygulanabilir. Bu iki çözüm şekli şunlardır:

Birinci Çözüm: Trabzon ve Erzurum vilayetlerinde Amerika himayesinde bir Ermeni hükümeti, diğer dört vilayette de İngiliz himayesinde bir Kürt hükümeti kurulmalıdır.

İkinci Çözüm: Bu vilayetlerde, Avrupa gözetiminde tekrar Türk yönetimini geri getirmek.

İstanbul, 18 Temmuz 1919
E. W. C. Noel

(Bu rapor Kürtçeden bir komisyon tarafından çevrilmiştir)